Robert Gernhardt kennt sich aus in *unseren Kreisen* – jenem Reigen aus »stekkengebliebenen Aufklärern«, die am eigenen kritischen Anspruch gescheitert sind. Apo-Veteranen, die dem Bürgerlichen auf Dauer nicht entkommen konnten, ja das gesamte linksliberale, rot-grüne Milieu wird von ihm mit List auf die Schippe genommen. In seinen Humoresken demaskiert er postrevolutionären Alltag in all seiner liebenswerten Lächerlichkeit: den akademischen Jargon, dessen Sprechblasen müde zerplatzen, die Psychologisierungs- und Verbalisierungssucht oder die alternative Gesinnung, die an den Feinheiten der Mülltrennung zu scheitern droht – ist das Teebeutelschnürchen mehr ›bio‹ oder mehr Altpapier oder mehr Altholz? Auch die Tücken der Neuen Sinnlichkeit sind Zielscheiben von Gernhardts beißendem Humor. Seine Fähigkeit, durch grelle Übertreibungen die Dinge zur Kenntlichkeit zu verzerren, seine erstaunliche Beobachtungsgabe sowie seine Kunst, selbst den tollkühnsten Kalauer überraschend in den Hintersinn zu wenden, machen die Lektüre dieses Buches zum diebischen Vergnügen.

Robert Gernhardt wurde am 13. Dezember 1937 in Reval / Estland (heute Tallin) geboren und wuchs nach dem zweiten Weltkrieg in Göttingen auf. Nach dem Studium der Bildenden Kunst, Kunstgeschichte und Germanistik in Stuttgart und Berlin trat er 1964 in die Frankfurter Redaktion der Satirezeitschrift »pardon« ein und verfasste, zusammen mit F. W. Bernstein (Fritz Weigle) und F. K. Waechter die Nonsens-Doppelseite »Welt im Spiegel«. Er beteiligte sich am Gemeinschaftswerk ›Die Wahrheit über Arnold Hau‹ (1966). 1976 erschien sein erster Gedichtband, ›Besternte Ernte‹, zusammen mit F. W. Bernstein. Das erste, ganz und gar von Gernhardt zu verantwortende Buch, ›Die Blusen des Böhmen‹, kam im Herbst 1977 heraus. 1979 war er Mitbegründer des Satiremagazins »Titanic«. Seit 1996 erscheint sein Werk im Fischer Taschenbuch Verlag und seit 2002 auch im S. Fischer Verlag. Seit 1964 lebte er als freiberuflicher Schriftsteller, Karikaturist, Maler und Zeichner in Frankfurt am Main. Dort ist er am 30. Juni 2006 gestorben.

Unsere Adresse im Internet: www.fischerverlage.de

Robert Gernhardt
*Es gibt
kein richtiges Leben
im valschen*
Humoresken
aus unseren Kreisen

Fischer Taschenbuch Verlag

6. Auflage: März 2008

Veröffentlicht im Fischer Taschenbuch Verlag,
einem Unternehmen der S. Fischer Verlag GmbH,
Frankfurt am Main, Juni 1997

© Robert Gernhardt 1987
Alle Rechte S. Fischer Verlag GmbH, Frankfurt am Main
Gesamtherstellung: CPI – Clausen & Bosse, Leck
Printed in Germany
ISBN 978-3-596-12984-3

Inhalt

Umweltbewußtsein 7

Becker-Bubis 17

Kinder, Kinder! 25

Henry, der Krüppel 31

Fremde Namen 41

Die neue Sinnlichkeit 47

Carola 55

Mein Buch, dein Buch 71

Ein Ehepaar erzählt
»Ein Ehepaar erzählt einen Witz« 79

Jahrzehntelang sind wir locker mit zwei Bewußtseins ausgekommen, mit unserem richtigen und dem falschen der anderen. Doch da aller guten Dinge leider drei sind, gibt es nun auch noch das

Umweltbewußtsein

Nie werde ich den Tag vergessen, an welchem der ganze Ärger begann.

»Guck mal, Ingrid, unsere Mülltonne hat gejungt. Da stehen jetzt drei statt einer!« hatte ich verblüfft ausgerufen. »Und die Kleinen haben auch schon ganz merkwürdige Namen! Die niedliche grüne heißt ›Altglas‹ und die süße blaue ›Altpapier‹!« So hatte ich unbeschwert gescherzt, doch dann war zufällig Uwe aus dem Haus getreten und hatte uns darüber aufgeklärt, daß die wunderbare Vermehrung der Mülltonnen im Rahmen eines hessischen Modellversuchs erfolgt sei, der, wiewohl zu spät begonnen und unzureichend durchgeführt, schon deshalb begrüßt und unterstützt werden müsse, weil jeder Versuch, den seit 1950 ums Fünffache gestiegenen Abfall der BRD-Haushalte –

»Ist ja schlimmer als der Abfall der Niederlande!« hatte ich gutgelaunt dazwischengerufen, doch weder Ingrid noch Uwe verzogen auch nur eine Miene, und auch mir sollte das Lachen bald vergehen.

Anfangs freilich ließ sich der Modellversuch gar nicht so schlecht an. Unser Leben wurde nicht nur umweltbewußter, sondern auch einfacher. Noch umweltbewußter, um genau zu sein. Denn umweltbewußt hatten wir schon seit Jahren gelebt, was freilich nicht immer einfach gewesen war. Nehmen wir nur das Problem der Altglasentsorgung. Sicher, da hatte es jenen etwa einen halben Kilometer entfernten Altglas-Container gegeben, und ich war ja auch immer brav mit meinem Leergut dorthin gepilgert – na gut, nicht immer. Auch leere Flaschen sind schwer. Und wenn dann noch die Sonne vom Himmel sticht, der Arm vom vielen Entkorken lahmt und der Kopf vom vielen Entleeren schmerzt, dann – wer ohne Schuld ist, werfe die erste Flasche – dann war es schon mal vorgekommen, daß ich die ganze lästige Bürde heimlich und blitzschnell im ersten besten Mülleimer abgestellt hatte, wenn auch nie im allerersten und mir nächststehenden, also unserem. Und das wiederum hatte mit Uwe zu tun, nein, eigentlich noch mehr mit Svende. Doch an dieser Stelle sind wohl erst einmal einige erklärende Worte fällig.

Ingrid und ich wohnen in einem Zwei-Familien-Altbau, den wir vor fünf Jahren zusammen mit den Rittingers gekauft haben, die aber niemals in ihre Parterrewohnung eingezogen sind, weil sie ihre Beziehung durch den im Grundbuch auf beider Namen eingeschriebenen Hausbesitz unversehens unter einen derart unerträglichen Erwartungsdruck gesetzt sahen, daß sie sich kurzerhand trennten und die Wohnung ihrem damals achtzehnjährigen Sohn Uwe überließen, der sie mit wechselnden Freunden und Freundinnen nutzte, bis schließlich Svende kam und blieb, eine praktizierende Grüne, die in Ingrid und mir unheimlich wichtige Lernprozesse auslöste.

So belehrte sie Ingrid darüber, daß jedweder Gebrauch der Waschmaschine ein Umweltverbrechen darstelle, weshalb sie auch nur mit Kernseife wasche – worauf Ingrid es lernte, ihre Waschmittel so zu verstecken, daß sie bei einem zufälligen Besuch nicht ins Auge fielen, und ihre Waschmaschine nur dann anzuwerfen, wenn Svende in ihre Stillgruppe ging. Mich dagegen sensibilisierte Svende nach einer Mülleimerkontrolle in Sachen Altglas, und immer bestrebt, der Jugend mit gutem Beispiel wenn schon nicht voranzugehen, dann doch wenigstens hinterherzulaufen, trug ich seither geduldig mein Kreuz bis zum fernen Container, jedenfalls fast immer – doch damit war ja nun Schluß, und alles hätte so schön sein können, wenn es nur nicht so schlimm weitergegangen wäre.

Den Anfang machte Ingrid. »Hier!« sagte sie und stellte knallend zwei Cognac-Flaschen auf meinen Schreibtisch.

»Oh! Danke schön!« erwiderte ich erfreut. »Rémy Martin! Meine Lieblingsmarke! Wie aufmerksam von dir! Wo hast du denn die her?«

»Aus der Altglas-Tonne.«

»Ach ja? Und welcher Narr wirft in diesem Hause volle Rémy-Flaschen in die Altglas-Tonne?«

»Sie sind leer!«

»Ach was?« Nun sah ich es auch. »Und welche Närrin schleppt hier leere, bereits weggeworfene Rémy-Flaschen wieder an?«

»Ich.«

»Das schwante mir, Weib. Und warum tust du solches?«

»Weil sich in dieser Woche bereits drei leere Cognac-Flaschen in der Altglas-Tonne angesammelt haben. Und weil ich nicht will, daß Svende und Uwe dich für... für... einen...«

»Wieso mich? Hast du nicht ebenfalls von diesem Zeugs... na ja...«

»Dann eben uns.«

»Und wieso willst du nicht, daß die uns für... für...«

»Weil wir Älteren den Jüngeren ein Vorbild sein sollten. Und da finde ich es einfach nicht gut, wenn die qua Mülltonne Woche für Woche Einblick bekommen in unseren, vor allem aber deinen... na ja...«

»Drei Flaschen?«

Ingrid nickte.

»Vielleicht stammt eine von Uwe und Svende?« fragte ich hoffnungsvoll.

»Nie. Die trinken nur Fruchtsäfte.«

»Und woher weißt du das?«

»Das lehrt der Tonneninhalt.«

»Weil er nicht häufiger geleert wird«, erwiderte ich blitzenden Auges und wußte doch, daß auch diese geschliffene Sentenz mich nicht davor bewahren würde, die leeren Flaschen bei Nacht und Nebel beseitigen zu müssen: Der gläserne Mensch, von dem die rechten Utopisten immer geträumt hatten, er drohte nun dank eines linken Umweltministers im Wortsinne Wirklichkeit zu werden. Doch tags darauf sollte es noch schlimmer kommen.

Gerade hatte ich meinen Mülltüten-Inhalt umsichtig auf die Tonnen verteilt, gerade wollte ich die Glasausbeute des Tages, eine Weißweinflasche und ein Underberg-

Fläschchen, in die Altglas-Tonne werfen, als die zufällig an mir vorbeischauende Svende mich sanft fragte: »Sag mal, findest du das eigentlich so gut, was du da gerade machst?«

»Na ja«, stammelte ich, »so ein Schluck naturreiner Weißwein zum Mittagessen und hinterher ein Fläschchen Underberg, also alles praktisch Heilkräuter... das ist doch... ich meine...«

»Findest du es eigentlich so gut, Glas und Papier in ein und dieselbe Mülltonne zu werfen?« hakte Svende nach und löste damit jene Spirale des Schreckens aus, die seither meine Tage verdüstert.

Wie jeder Underberg-Trinker weiß, ist jedes Underberg-Fläschchen in ein braunes Packpapierchen eingeschlagen, und für einen Moment war ich versucht, das Papierchen unter Hinweis auf seine Kleinheit hohnlachend zusammen mit dem Fläschchen in die Altglas-Tonne zu schleudern, als ein, wie ich damals noch meinte, teuflisch witziger Plan mich innehalten ließ.

»Danke für den Hinweis«, sagte ich gleisnerisch, riß, so gut es ging, das teilweise angeklebte Papier vom Fläschchen, warf jegliches in seinen Behälter und schaute sodann zweifelnd vom Etikett der Weißweinflasche zu Svende.

»Vielleicht löse ich das besser ebenfalls ab?« fragte ich mit gespielter Bußfertigkeit, atmete dann aber scheinbar erleichtert auf, als mir Svende großherzig Absolution erteilte: »Ach komm... Das bißchen Papier...«

Dafür tat ich anderntags um so unbarmherziger, als ich mit spitzen Fingern eine Granini-Flasche aus dem Altglas-Behälter holte und Svende streng befragte, weshalb sie den metallenen Schraubverschluß nicht einer vom Glase getrennten Beseitigung zugeführt habe. Weil es leider noch keine gesonderte Altmetall-Tonne gebe, antwortete sie in aller Unschuld, worauf ich tückisch ein Eimerchen präsentierte, das ich eigenhändig mit »Altmetall« beschriftet hatte:

»Weißt du, ich finde, wir Umweltbewußten sollten nicht nur auf staatliche Verordnungen warten, wir sollten auch selber getrenntsammlungsmäßig initiativ werden –«, und zu diesen Worten ließ ich den Granini-Deckel lustig klirrend in den Eimer fallen.

Doch was als parodistischer Seitenhieb auf übertrieben sortenreine Müllbeseitigungspraktiken gedacht gewesen war, entpuppte sich unvermittelt als Rohrkrepierer. Nicht genug damit, daß Svende und Uwe meine vorgebliche Initiative total gut fanden, sie zogen auch einen Tag später gleich, indem sie einen mit »Altkunststoff« beschrifteten Eimer im Vorgarten aufstellten, ein Vorgang, den Svende mit den Worten begleitete: »Da kommen dann zum Beispiel die Plastikverschlüsse von deinen Underberg-Flaschen rein.«

Der Schlag saß! Zwei Tage lang fiel mir keine passende Antwort ein, schon wollte ich mit einer »Altbier«-Tonne das Handtuch werfen, da riet mir Ingrid, mit »Altholz« zu kontern.

»Altholz?« fragte ich mißtrauisch. »Gibt's so ein Wort überhaupt?«

»Gibt ja auch Altbundeskanzler.«

Trotzdem hatte ich ein ungutes Gefühl, als ich die neue Tonne in den nun schon reichlich vollgestellten Vorgarten trug.

»Für gebrauchte Streichhölzer und so«, erläuterte ich der interessiert zuschauenden Svende.

»Logisch«, erwiderte sie. »Die leeren Streichholzschachteln kommen aber ins Altpapier!« fügte sie mahnend hinzu, da wußte ich, daß ich es mit unbezwinglichen Gegnern zu tun hatte und daß mein endgültiger umweltschützerischer und mülltechnischer K.o. nur noch eine Frage der Zeit war.

Und richtig: Seit gestern steht sie vor unserer Tür, die Biomülltonne. »Für alles Kompostierbare, wird sowieso bald Pflicht in Hessen«, hatte Uwe kurzangebunden erklärt. »Claro«, hatte ich demütig geantwortet und zugleich voller Schrecken gespürt, wie da etwas sehr Gemeines und sehr Böses in meinem Herzen aufkeimte, ein derart totgeglaubtes Gefühl, daß mir anfangs nicht einmal der Name dafür einfiel. Wie hieß das gleich? Sünde?

»Weißt du, wem wir beiwohnen?« fragte ich Stunden später Ingrid, die in der Küche die Abfälle des Tages vorsortierte.

»Nein«, sagte sie zerstreut und fischte einen Teebeutel aus dem Biomüll. »Den tue ich wohl besser zum Altpapier – oder?«

»Etwas ganz Schrecklichem!« fuhr ich mit erhobener Stimme fort.

»Ja?« Sie blickte abwesend auf den Teebeutel. »Der Tee ist doch eigentlich bio. Aber was ist der Beutel?«

»Dem Entstehen einer neuen Moral!« Ich schrie es beinahe.

»Ach ja? Und was mache ich mit den beiden Metallklammern? Und was mit dem hier?« Sie zog grüblerisch an dem Fädchen, das den Beutel mit dem Haltepapier verband. »Ist Schnur nun mehr bio oder mehr Altpapier oder mehr Altholz?«

»Ingrid!« sagte ich beschwörend. »Weißt du, was das heißt, bedeutet: eine neue Moral? Es bedeutet neue Werte und neue Gesetze, neue Verinnerlichungen und neue Institutionen, neue Sünden und neue Schuldgefühle, neue Päpste und neue Häresien – und wir beide immer vorneweg als Apostel der neuen Umweltmoral, ausgerechnet wir, die wir Jahrzehnte damit zugebracht haben, die Bürde der alten klerikal-bourgeoisen Moral abzuschütteln! Ich aber sage dir: Es wird kommen der Tag, da werden die Herrschenden diese biologisch-dynamische Öko-Moral zur herrschenden erheben, so, wie sie es einst mit dem Christentum getan haben; in stillgelegten Waschsalons aber werden sich die Altgläubigen und Abtrünnigen sammeln, und sie werden in widerwärtigen Orgien Flaschenleergut in die Biomülltonnen rammen und kompostierbare Abfälle hohnlachend mit Sondermüll und anorganischem Restmüll vermischen, und sie werden beide Entsorgungssysteme lästern, das Holsystem wie das Bringsystem, und sie werden in eklen Gesängen die Getrenntsammlungsverordnung schmähen und einen Götzen anbeten, der wird gemacht sein aus Plastikbeuteln und Einwegflaschen, und auf einmal wird die Türe splittern, und es werden eintreten die Häscher der Öko-Inquisition, und sie werden hochrecken ein Kreuz aus Kernseife, zu reinigen die Stätte von dem Frevel, und sie werden Altholz zu Scheiterhaufen schichten, auf daß das Gesetz erfüllet werde, das da sagt: –«

»Schnur ist doch bio!« Lächelnd ließ Ingrid das Teebeutelschnürchen über der Biomüll-Tüte schweben, als plötzlich Besorgtheit ihre Züge streifte. »Oder doch nicht?« fragte sie wie von weit her. »Ist Schnur vielleicht weder noch? Brauchen wir vielleicht noch eine... eine...« Kichern hinderte sie am Weiterreden.

»Was brauchen wir?« fragte ich besorgt, ohne doch ihrem grausen Kichern Einhalt gebieten zu können.

»Eine – – – Altschnurtonne?« prustete sie.

»Ingrid!« Ich legte schützend meinen Arm um ihre Schulter. »Laß uns schlafen gehen. Morgen ist auch noch ein Tag!«

»Und was ist Schnur?« fragte sie fast tonlos.

»Bio!« antwortete ich fest.

»Bestimmt?«

»Bestimmt!«

Noch schaute sie zweifelnd.

»Ganz bestimmt! Schnurbart ist doch auch bio!«

Da erfüllte ein großer Glanz von innen ihr Gesicht.

»Stimmt!« sagte sie glücklich und ließ sich willenlos abführen.

Beleidigungen gibt es, die ignorieren wir nicht einmal. Zum Beispiel den Vorwurf

Becker-Bubis

Wohl niemand ist unseren Kreisen gegenüber kritischer eingestellt als eben unsere Kreise. Wir, die wir grundsätzlich Kritik auf unser Banner geschrieben haben, wissen sehr wohl, daß diese Kritik auch vor unseren eigenen Taten und gerade vor unserem eigenen Denken nicht haltmachen darf, wofern wir nicht Gefahr laufen wollen, zu einem nur graduell, nicht substantiell unterschiedenen Teil des durch Bewußtlosigkeit sich reproduzierenden schlechten Bestehenden zu verkommen – und wer will das schon? Darüber freilich sollten selbst wir nicht das übersehen, was unsere Kreise denn doch abhebt vom Gros der außengelenkt Anderen, zum Beispiel die Gelassenheit, mit welcher wir der chauvinistisch angeheizten Becker-Hysterie und dem von durchsichtigsten Verwertungsinteressen angeheizten Tennis-Boom begegnen.

Sicher – als seinerzeit der siebzehnjährige Leimener als erster Siebzehnjähriger, erster Leimener und – aber das sei nur der Statistik halber angemerkt – erster Deutscher erstmals der in Wimbledon versammelten Welt-Tennis-Elite zeigte, was eine Har... na! was eine harte, wenn auch beklagenswert einseitige Ausbildung bestimmter physischer Funktionen und gewisser sensorischer Reflexe vermag, da also hat wohl auch der eine oder andere von uns vor dem

Fernsehgerät gesessen, um sich eine eigene, fundierte Meinung über das von den Medien unkritisch hochgejubelte Phänomen »Bum-Bum«-Becker bilden zu können. Da kam wohl auch so etwas wie Interesse auf für diesen fraglos talentierten jungen Menschen und den von ihm praktizierten Nobel-Ballsport, ein Interesse, das allerdings rasch in fast angewiderte Uninteressiertheit umschlug, als der siebzehnjährige Leimener sich zum achtzehnjährigen Steuerflüchtling in Monte Carlo mauserte und der Tennissport zugleich das blieb, wozu er spätestens seit den 60er Jahren heruntergekommen war: zum audiovisuellen Anreißer und Anhängsel einer hemmungslos raffgierigen Freizeitindustrie.

Daher hatten wir den weiteren Werdegang des vielfältig vermarkteten Boris auch nur noch undeutlich wahrgenommen, seine Siege bei den Davis-Cup-Spielen gegen die USA und die ČSSR ebenso wie seine Niederlagen bei den American Open in Flushing Meadow oder jenen Australian Open, als er bereits in der ersten Runde gegen den herzlich unbekannten Holländer Michel Schapers ausschied, daher auch nahmen wir das von Becker-Manager Tiriac zum Schicki-Micki-Spektakel hochstilisierte Davis-Cup-Endspiel in München nicht einmal mehr zur Kenntnis. Hätten wir sonst die Sitzung unseres »Arbeitskreis Nicaragua« just auf jenen Dezembernachmittag gelegt, an welchem Boris Becker Gerüchten zufolge gegen Mats Wilander anzutreten hatte – zwei Tage sowohl nach seinem Sieg gegen Edberg wie nach Westphals Niederlage gegen Wilander, einen Tag nachdem das deutsche Doppel Becker/Maurer sang- und klanglos gegen die Schweden Wilander/Nyström eingegangen war? Beim Stande von 2 : 1 für die Schweden also, denn so lagen die Dinge an jenem 22. Dezember, als die deutsche Mannschaft noch eine reelle Chance gegen die favorisierten Schweden hatte, sofern es Becker gelang, seine gegen Edberg bewiesene Form auch gegen Wilander zu wahren, und sofern Westphal es schaffte, das Wunder von Frankfurt zu wiederholen, als er gegen den starken ČSSR-Spieler Tomas Smid nach sechsstündigem Kampf schließlich zu einem zwar glücklichen, aber nicht unverdienten – aber wovon wollte ich eigentlich erzählen?

Richtig! Von unserem »Arbeitskreis Nicaragua« und davon, daß wir uns an jedem dritten Sonntag des Monats treffen und – wie bitte? Na gut – möglicherweise war es Zufall, daß auch das Davis-Cup-Endspiel auf einen dritten Sonntag fiel, sicherlich war es Zufall, daß wir nur zu viert waren, statt wie sonst zu vierzehn – doch daß wir, die verbleibenden vier, der Hans-Anton, der Thomas, die Yvonne und ich, uns pünktlich um 15 Uhr in Hans-Antons Wohnung zu Referat und Diskussion trafen, war auch das ein Zufall?

War es ein Zufall, daß wir drei Männer geschlagene zehn Minuten lang der Yvonne und ihrem Referat »Kaffee für den Frieden – Ernteerfolg trotz US-Embargo« lauschten, während in dieser Münchener Olympia-Halle die als Nummer 6 und Nummer 3 der Weltrangliste eingestuften Marionetten der Markenartikelfirmen bereits seit etwa zehn Minuten um Punkt, Spiel und Satz – oder wie immer man das im Tennis nennt – kämpften?

Gerade hatte Yvonne ihren Rückblick auf die katastrophale wirtschaftliche Lage der Landarbeiter unter dem Somoza-Regime beendet, gerade wollte sie eine weitere Seite ihres vorbildlich materialreichen, ja geradezu vorsätzlich dick zu nennenden Manuskripts verlesen, als Hans-Anton sie plötzlich mit den Worten unterbrach, er habe da heute früh etwas von überraschenden wirtschaftlichen Repressionen der USA gegenüber Nicaragua läuten hören – ob wir nicht, einfach um auf dem laufenden zu bleiben, mal kurz in die Fernsehnachrichten reinschauen sollten? Verdutzt blickte Yvonne auf die Uhr: »Seit wann gibt es denn um 15 Uhr 13 Nachrichten im Fernsehen?«

»Normalerweise nicht«, ließ sich da Thomas vernehmen, doch hin und wieder bringe das Fernsehen ja Sondermeldungen. »Natürlich nur bei besonders relevanten Vorgängen«, fügte er fast eilig hinzu, da Yvonne ihn immer noch verständnislos musterte, »denk doch nur an den Kennedy-Mord!«

»Hat etwa jemand den Reagan umgenietet?« fragte Yvonne aufgeregt. Thomas, Hans-Anton und ich wechselten rasche Blicke, dann ergriff wieder Hans-Anton das Wort: »Leider nein«, antwortete er zögernd. »Im Gegenteil«, setzte er eifriger hinzu, »wenn nicht alles täuscht, dann ist der gerade dabei, den ... den ...«

»Den Wirtschaftskrieg gegenüber Nicaragua in einen wirklichen Krieg umschlagen zu lassen«, ergänzte ich düster. »Jedenfalls gibt es Hinweise darauf, daß die Sechste Amerikanische Flotte gerade eben im Golf von Managua...«

»Die Sechste?« fragte Yvonne verblüfft. »Operiert die nicht normalerweise im Mittelmeer?«

»Da kannst du mal sehen, wie sehr sich die Lage Nicaraguas bereits zugespitzt hat«, warf Thomas ein. »Los, schalt doch mal den Fernseher ein!« drängte ich. »Na gut, wenn ihr unbedingt wollt«, brummte Hans-Anton und schaltete den Fernseher ein.

Eine Zeitlang schauten wir abwartend den beiden bunten Schatten dabei zu, wie sie in einem geradezu atavistisch anmutenden Ritual versuchten, irgendeinen offenbar heiligen Ball über irgendein augenscheinlich geweihtes Netz zu befördern, doch so, daß der nicht irgendwelche sichtlich sakrosankten Begrenzungen verletzte, da das stets den Einspruch eines unverstellt gottähnlich erhöhten Richters zur Folge hatte.

»Na gut«, sagte Yvonne schließlich, »ist wohl nichts mit Sondermeldung. Da spielen zwei Tennis. Ist der eine nicht Boris Becker?« Resolut griff sie wieder zu ihrem Manuskript, da hob Hans-Anton bremsend die Hand: »Moment mal! Jetzt kommt's doch!«

»Die Sondermeldung?«

»Satzball Becker«, entgegnete Thomas etwas unbedacht, doch bevor ich abwichteln konnte, war es bereits soweit, 6 : 3 für den einen der beiden.

»Alsdann«, sagte Yvonne, wurde diesmal jedoch von mir am weiteren Verlesen ihres Papers gehindert, da ich zu bedenken gab, die Übertragung von TV-Sondermeldungen werde gerne in Spielpausen gelegt.

»So ist es«, unterstützte mich Thomas.

»Liegt doch nahe«, stand mir Hans-Anton bei. Prüfend ließ Yvonne ihre Blicke über uns wandern.

Kurz darauf begannen die beiden angeblichen Spieler – »angeblich«, da das movens des wirklichen Spielers, des authentischen homo ludens, durch jenes zweckfreie Interesse am Spiel als Spiel sich konstituiert, das kapitalistischem Vermarktungsinteresse desto einleuchtender sich widersetzt, je finsterer letzteres sich darum müht, ersteres wenigstens in der Simulation seinen Zwecken dienstbar zu machen – da also begannen Boris und Mats den zweiten Satz, worauf Yvonne abermals zu ihrem Manuskript griff.

»Dann wollen wir mal wieder«, sagte sie mit erhobener Stimme, doch ein »Pschsch!«, von welchem nicht so recht auszumachen war, wer es geäußert hatte, brachte sie zum Schweigen. Vorerst zumindest. Denn bald darauf, beim unerwarteten Stande von 0:2 für Wilander, fragte sie, wie lange sie diesen Zirkus eigentlich noch mitmachen solle.

»Welchen Zirkus?« fragte Hans-Anton gekränkt.

»Nennst du es Zirkus, wenn wir hier auf Sondermeldungen warten?« hakte Thomas nach.

»Aus Nicaragua?« schloß ich mit so erhobener Stimme wie erhobenem Zeigefinger.

»Eben habt ihr noch behauptet, Sondermeldungen würden im Fernsehen gern in Spielpausen gebracht. Und jetzt…«, begann Yvonne, doch damit kam sie bei uns schlecht an: »Das wären ja schöne Sondermeldungen, die erst auf Spielpausen warten müßten!« – »Der Reagan verlegt seine Invasionen ja auch nicht in die Spielpausen!« – »Außerdem war das eben keine Spielpause, sondern ein taktischer Schlägerwechsel, Verehrteste!«

Danach hörten wir nichts mehr von Yvonne, ja wir sahen sie nicht einmal mehr. Denn als wir nach etwa zwei Stunden, nach dem 6:3, 2:6, 6:3 und dem alles entscheidenden 6:3 im vierten Satz wieder aufschauten, saß da keine Yvonne. Statt dessen lag ein Zettel auf dem Tisch, auf welchen eine deutlich fahrige Hand die Worte gekritzelt hatte: »Mir reicht's, ihr Becker-Bubis!«

Nachdenklich studierten Hans-Anton, Thomas und ich diese Mitteilung.

»Täusche ich mich, wenn ich aus diesen Worten so etwas wie Kritik herauslese?« fragte ich zögernd.

»Aber Kritik an wem?« fragte Thomas betroffen.

»Ist doch nicht unsere Schuld, wenn da keine...«, begann Hans-Anton, und Thomas ergänzte fast zornig: »Anstatt daß sie sich freut, daß die weltweite Entschlossenheit der fortschrittlichen Kräfte die Yankee-Invasion offensichtlich doch noch in letzter Minute verhindert hat!«

»Ich glaube, wir sollten Yvonne fairerweise die Gelegenheit geben, ihre unangebrachte Kritik beim nächsten ›Arbeitskreis‹-Treffen selbstkritisch zurückzunehmen«, sagte ich.

»Ich finde, Boris hätte seine drei Doppelfehler im zwei-

ten Satz vermeiden können, wenn sein Service –«, doch Hans-Anton ließ den Thomas nicht zu Ende reden.

»Ich meine«, sagte er, »da der Edberg doch gleich gegen unseren Michael Westphal antritt –: Soll ich noch was Bier besorgen?«

Es gibt Tage, da ist bereits beim Frühstück alles zu spät:

Kinder, Kinder!

»Hör mal, Norbert«, sagte meine Frau, »ich hätte gern ein Kind.«

»Wer hätte das nicht gern, liebe Ingrid«, erwiderte ich, ohne von der taz aufzuschauen, »selbst ich hätte gern eines. Aber sie sind so schwer zu fangen.«

»Ich hätte gern ein Kind!« wiederholte meine Frau mit ungewohntem Nachdruck.

»Geh ins Kinderhaus«, riet ich ihr zerstreut und griff zum Bio-Yoghurt. »Wenn sich hinter diesem Namen nicht eine Schwindelfirma verbirgt, müßte es dort Kinder geben. Vielleicht haben sie eins günstig auf Lager.«

»Ich hätte gern ein Kind von dir!« sagte meine Frau ungehalten.

»Von mir?« Verblüfft ließ ich die Zeitung sinken. »Wie kommst du denn auf die Idee, ich hätte ein Kind abzugeben?«

»Wer spricht hier von abgeben?« fragte meine Frau scharf zurück. »Du sollst mir eins machen!«

»Ich?«

»Ja, du.«

»Und wie kommst du darauf?«

»Andere Männer machen ihren Frauen auch Kinder.«

»Anderen Frauen würde ich auch Kinder machen, das ist keine Kunst.«

»Und warum machst du mir keins?« fragte meine Frau.

»Na hör mal...« Scham hinderte mich für einen Moment am Weiterreden, doch dann überwand ich mich. »Wir sind doch schließlich verheiratet, falls dir das entgangen sein sollte.«

»Seit fünfzehn Jahren«, bestätigte meine Frau lächelnd. »Na und?«

Ich starrte sie fassungslos an. »Was du verlangst, ist Inzest!« brachte ich schließlich hervor.

»Ich denke, du bist ein aufgeklärter Mensch, der keine Tabus kennt?!« konterte meine Frau schnippisch.

»Kenn ich auch nicht«, erwiderte ich erregt. »Aber mit der eigenen Frau zu... zu...«

»Was?«

»Na, du weißt schon...«

»Also doch!« sagte sie höhnisch.

»Also was?« fragte ich zurück.

»Tabus!«

»Na gut, Tabus«, räumte ich ein. »Ja, Tabus! Jede Kultur ist letztlich auf Tabus aufgebaut. Selbst bei den Trobriandern...«

»Komm, komm – laß die Trobriander aus dem Spiel!«

Meine Frau hatte in den späten 6oern ein Seminar über die Trobriander mitgemacht und dieses Südseevolk seither ständig ins Feld geführt, wenn es darum gegangen war, überkommene Sexual-, Moral- und Wertvorstellungen kritisch zu hinterfragen und faktisch zu konterkarieren.

»Nein – laß mich ausreden!« ereiferte ich mich. »Zufällig habe ich gerade gestern von einem befreundeten Ethnologen erfahren, daß bei den Trobriandern auch nicht jeder mit jedem darf. Zum Beispiel ist dort der Geschlechtsverkehr zwischen Minderjährigen und ihren leiblichen Großeltern während der Zeit der Dattelernte untersagt.«

»Weiß ich«, gab meine Frau unwirsch zurück. »Während der Zeit der Dattelernte ist bei den Trobriandern alles untersagt, sogar das Dattelernten. Also was ist: Machst du mir ein Kind?«

»Ich dir?« Nervös tunkte ich die taz in den Bio-Yoghurt. Dann kam mir eine rettende Idee:

»Und was sollen Detlev und Vera denken, wenn wir – na du weißt schon was?«

Meine Frau schaute betroffen auf: »Tja...«

Vielleicht sollte ich hier zum besseren Verständnis einflechten, daß Vera meine Freundin ist und Detlev der Freund meiner Frau.

»Die haben doch wohl auch noch ein Wörtchen mitzureden!« hakte ich, sicherer geworden, nach. »Oder findest du es solidarisch, sie einfach zu hintergehen?«

»Nein, nein«, erwiderte meine Frau kleinlaut. »Wir müßten es natürlich thematisieren. Ob wir mal wieder ein Beziehungsgespräch ansetzen sollten. Wir vier – bei einem Fondue bourguignonne?«

»Du weißt doch, daß das nicht geht«, sagte ich kalt.

»Ja, ja, ich weiß«, seufzte meine Frau.

Seit Vera Detlev bei einem Wochenend-Encounter vorgeworfen hat, er sei unfähig, seine Aggressionen rauszulassen, gehen die beiden einander aus dem Weg, da solche Treffen regelmäßig damit enden, daß er seine Aggressionen rausläßt.

»Aber weißt du, was?« schlug sie unerwartet heiter vor,

»wir könnten es ja in Einzelgesprächen versuchen. Du sprichst mit Vera, und ich spreche mit Detlev.«

»Und was soll ich Vera sagen?« wollte ich wissen.

»Daß ich ein Kind von dir will.«

»Dann wird sie auch eins wollen. Wo soll ich denn diese ganzen Kinder hernehmen?«

»Ich bin aber zuerst auf die Idee gekommen.«

»Ja sicher«, räumte ich ein. »Aber du weißt doch, in welcher schwierigen Situation Vera gerade ist.«

»Vera?«

»Na ja – dieser ganze Streß wegen dieser Beziehung mit einem verheirateten Mann...«

»Vera?« rief meine Frau mitfühlend aus. »Wie schrecklich! Mit wem denn?«

»Mit mir.«

»Ja, richtig!« Ingrid rührte nachdenklich im Fencheltee. »Vielleicht ist es besser, wenn ich mich da als Frau einbringe«, schlug sie dann vor. »Ich spreche mit Vera, während du die Sache mit Detlev problematisierst – was meinst du?«

Erleichtert stimmte ich zu, und schon tags darauf traf ich mich mit Detlev im Pflasterstrandcafé. Ohne Umschweife referierte ich den Wunsch meiner Frau, beeilte mich, da Detlevs Kiefer immer mehr herabsank, meine Bedenken nicht zu verhehlen, und schloß schließlich mit der Feststellung, daß man auch Ingrid verstehen müsse, da es in der Sexualität ja so etwas wie Perversion an sich nicht gebe, vielmehr die Beurteilung dessen, was pervers sei und was nicht, ausschließlich vom gesellschaftlichen Umfeld abhänge. »Nimm nur die Trobriander«, schloß ich eindringlich. »Da beispielsweise darf es jeder mit jedem treiben, ohne daß er deshalb irgendwelche Schuldgefühle haben muß, da die Gesellschaft –«

»Die Trobriander?« fragte Detlev verstört, »welche Trobriander denn?«

Gerade wollte ich zu einem längeren Exkurs über dieses gesegnete Südseevölkchen ansetzen – allerdings unter Auslassung der Dattelernte und der damit verbundenen Implikationen –, als Detlev plötzlich das Marmortischchen umkippte und mich finster fragte: »Sag mal – habe ich dich richtig verstanden? Du willst meine Freundin bumsen?«

»Aber nein«, entgegnete ich entsetzt. »Wie sollte ich denn jemanden bumsen wollen, den ich überhaupt nicht kenne? Was ich soeben ausgeführt habe, ist lediglich Ingrids Vorschlag, daß ich ihr ein Kind mache.«

»Ach ja?« gab Detlev höhnisch zurück. »Aber ganz ohne Bumserei und alles – was? Wie stellst du dir das denn vor, du perverse Sau?«

»Bei den Trobriandern«, begann ich halbherzig, wurde aber an der Fortführung meines Gedankenganges dadurch behindert, daß Detlev die Espresso-Maschine aus der Halterung riß und sie mir an den Kopf warf.

»Komm«, sagte ich versöhnlich, »wir wollen uns doch nicht wegen einer solchen Lappalie schlagen!«

»Wer spricht von ›wir‹?« antwortete Detlev kalt. »Ich will dich schlagen!«

Zu Boden gehend, bekam ich gerade noch mit, wie Detlev den Umstehenden erklärte, daß er es bisher noch nie gewagt habe, seine Aggressionen voll rauszulassen, jetzt aber müsse es sein, dies Schwein da wolle nicht nur seine, des Schlagenden Freundin bumsen – Na und? riefen die Umstehenden –, sondern auch seine, des Liegenden, Frau – Gib ihm! lautete das Urteil der Menge –, dann schwanden mir die Sinne.

Vielleicht hätte ich auch mal so ein Wochenend-Encounter besuchen sollen.

Behinderte sind, jedenfalls für mich, nicht Menschen zweiter Klasse, sondern vollwertige Mitbürger. Daher zucke ich jedesmal zusammen, wenn das Telefon klingelt und eine tiefe Stimme sagt: Du, ich bin's,

Henry, der Krüppel

Den an den Rollstuhl gefesselten Henry, einen seit seiner Geburt gelähmten, noch recht jungen Mann, kennen wir, Ingrid und ich, nun bereits seit zwei Wochen, und wir beide, ich und Ingrid, stimmen darin überein, daß diese Bekanntschaft für uns, Ingrid und mich, eine sehr wichtige Erfahrung gewesen sei, die viel mit uns beiden, mir und Ingrid, gemacht hat.

Wir lernten Henry bei den Bartels kennen, im Rahmen eines dieser sonntäglichen Sektfrühstücke, die seit geraumer Zeit den bisher in unseren Kreisen gewohnten abendlichen Weißwein-Feten Konkurrenz machen, da sie die gesellschaftlich akzeptierte und gruppendynamisch honorierte Gelegenheit bieten, sich bereits um die Mittagszeit vollaufen zu lassen; und schon bei diesem ersten Kontakt legte Henry jene bewundernswerte Intensität an den Tag, mit der gerade der behinderte Mensch uns, den – in Anführungszeichen – Normalen, beweist, daß es der Geist ist, der sich den Körper baut, und nicht etwa umgekehrt.

Wir waren gerade erst bei den Bartels eingelaufen und hatten uns kaum einen Überblick über das Frühstücksbuffet-Angebot verschafft, als Ingrid, das Lachsbrötchen fallen lassend, aufschrie.

»Ist was?« fragte ich aufmerksam.

»Irgendein Debiler hat mich in den Arsch gekniffen«, sagte sie und blickte sich entgeistert um. »In den Po«, ergänzte sie, eine Spur versöhnlicher, um sodann noch »In den verlängerten Rücken« und »Hallo!« zu sagen. Das Hallo aber galt dem jungen Mann im Rollstuhl, der gerade unwillig davon Abstand nahm, sie ein zweites Mal in den Arsch zu kneifen.

»Entschuldige dich gefälligst!« zischte ich meiner Frau zu.

»Bei wem denn?«

»Na bei wem wohl?!« So verstohlen es irgend ging, deutete ich auf den Behinderten, dessen Aufmerksamkeit glücklicherweise gerade durch den Versuch in Anspruch genommen wurde, eine Demi-Flasche Blanc de Blancs auf ex zu leeren.

»Wieso ich?« zischte meine Frau zurück. »Soll der sich doch entschuldigen!«

»Der?« fragte ich entgeistert. »Dieser... dieser...«, doch weiter kam ich nicht, da der Gemeinte nach offensichtlich geglücktem Versuch die Flasche absetzte und mißtrauisch an uns hochblickte.

»Wer?« fragte er mit jener tiefen Stimme, die uns noch so viel zu denken geben sollte. »Wer soll sich hier bei wem entschuldigen? Ich bin übrigens Henry, der Krüppel.«

Für einen Moment verschlug es mir die Sprache, doch ich fing mich rasch wieder.

»Ingrid, die Impulsive«, ich deutete auf meine Frau, »Norbert, der Schriftsteller«, ich machte eine angedeutete, mit einer feinen Prise Selbstironie gewürzte Verbeugung, »hallo, Henry, tut uns leid!«

»Was?« fragte Henry und öffnete knallend eine weitere Flasche Blanc de Blancs.

»Na, unser Verhalten eben. Tut uns doch leid, Ingrid, nicht wahr?« Herzliche Worte, denen ich nonverbal dadurch Nachdruck verlieh, daß ich Ingrid gegen das Schienbein trat.

»Aua!« schrie sie auf und ließ schon wieder ihr Lachsbrötchen fallen.

»Auch ein Schluck?« fragte Henry und reichte mir die angebrochene Flasche.

»Nein danke«, wehrte ich ab, »um diese Zeit trinke ich eigentlich noch nicht.«

»Ach ja?« Henry rollte etwas näher und schaute forschend an mir empor. »Und wieso hast du dann ein leeres Sektglas in der Hand?«

Doch noch bevor ich ihm erklären konnte, daß dieses Glas am hellichten Sonntagmittag einen jener zwar raren, nichtsdestoweniger bedauerlichen Zwänge signalisiere, die auch in unseren, ansonsten so erfreulich zwangfreien Kreisen die Erinnerung daran wachhielten, daß jedwede Vergesellschaftung, auch die Geselligkeit, nicht ohne ein Regelsystem sich denken lasse, das nur bei Strafe der Emargination verletzt werden dürfe – bevor ich all das also auch nur ansatzweise verbalisiert hatte, sagte Henry: »Gib's doch zu! Du willst nicht aus der Flasche eines besoffenen Krüppels trinken, der gerade so ungezogen gewesen ist, deine Frau in den Arsch zu kneifen. Tut mir übrigens leid.«

Da, jedenfalls in unseren Kreisen, kaum ein Vorwurf so schwer wiegt wie der, Vorurteile gegenüber Minderheiten zu haben, war ich für einen Moment versucht, Henry eine runterzuhauen, wurde aber glücklicherweise von Ingrid unterbrochen, die, mir in den Arm fallend, »Ist gut, Henry« und »Vergiß es« sagte. Sofort war mir wieder bewußt, auf wessen Seite ich gehörte.

»Henry«, ich legte meine Hand betont vorurteilsfrei auf seinen Arm, »du bist verletzt und traurig, doch ich möchte, daß du weißt, daß hier zumindest einer ist, der deine Provokationen als das begreift, als was sie gemeint sind: als Notschrei dessen, der gesellschaftliche Vorurteile dermaßen internalisiert hat, daß er nicht anders kann, als sich so darzustellen, wie die Umgebung ihn, den – in Anführungszeichen – Behinderten, sieht: als haltlosen, normverletzenden Krüppel, der, gerade weil ihm jegliche Würde abgesprochen wird, sein Menschsein nur noch dadurch beweisen kann, daß er sich –«

»Vollaufen läßt, Prost auch!« rief Henry und ließ den Blanc-de-Blancs-Korken haarscharf an meinem linken Ohr vorbeipfeifen. Da dämmerte mir, daß auf mich im Zusammenhang mit Henry noch viel Erfahrungs-, Mitleids- und Kennenlernarbeit zukommen würde. Und ich sollte recht behalten.

»Na? Habt ihr euch schon etwas angefreundet? Fein!« rief nämlich Bartels, der wie zufällig vorbeikommende Gastgeber, aus, um sodann Ingrid und mich verschwörerisch beiseite zu nehmen: Also Henry wohne doch nun bereits seit einer Woche bei ihnen, er sei praktisch auf der Durchreise zu irgendwelchen Freunden in München, aber die seien noch nicht aus Ibiza zurück und nun... ach so! Ja! Nun habe sich doch überraschend die harthörige Stieftante seiner Frau zu Besuch angemeldet und zwei Behinderte in dieser ungünstig geschnittenen Sechszimmerwohnung – Bartels breitete bekümmert die Arme aus –: ob wir ihn verständen? Oder ob wir etwa Behinderten gegenüber Vorurteile –

Hatten wir natürlich nicht, und so kam es, daß Henry noch am selben Abend bei uns einzog.

Bisher hatte ich behinderte Mitbürger nur aus den Problemfilmen des Fernsehens und aus der einschlägigen Literatur kennengelernt, nun, dank Henry, wurde dieses doch etwas abgehobene Wissen mit der Lebenswirklichkeit eines Betroffenen konfrontiert und durch Erfahrung aufgefüllt. Und obwohl ich meine Erfahrungsverarbeitungsarbeit noch nicht abgeschlossen habe, kann ich doch so viel bereits verraten: Behinderte sind nicht anders, als ich sie mir zuvor ausgemalt hatte, sie sind ganz anders.

»Na, jetzt wirst du uns ja bald verlassen müssen!« begrüßte ich Henry, die Morgenzeitung schwenkend. »Schade, daß du nur zwei Tage bei uns bleiben konntest, aber wenn's losgeht, wirst du sicher mit von der Partie sein wollen. In welcher Disziplin wird man denn dich bewundern dürfen?«

»Wo geht was los?« fragte Henry zerstreut, da ihn offensichtlich gerade eine Kühlschrank-Inventur voll in Anspruch nahm.

»Die Behinderten-Olympiade in Toronto natürlich! Da, wo ihr, die – in Anführungszeichen – Behinderten, beweist, daß man die 10000 Meter auch rollen, den Speer auch mit den Füßen schleudern und den Diskus auch mit den Zähnen werfen kann, und zwar häufig schneller, weiter und höher als wir Normalen – Normale natürlich in Anführungszeichen!«

Doch zu meinem Erstaunen beherrschte Henry nicht nur keine dieser Sportarten, er bekundete auch, daß auf dieses ganze Behindertensport-Gewichse echt geschissen sei – ah, da hätt's ja noch eine Bierdose!

»Hab ich dich erwischt, Henry!« rief ich tags darauf, als ich Henry dabei erwischte, wie er in meinem Bücherregal kramte. »Du suchst meine altgriechische Grammatik – erraten? Und du willst diese auch uns – in Anführungszeichen – Normalen weitgehend unbekannte Sprache deswegen erlernen, damit du, so rasch wie möglich nach München zurückgekehrt, andere – in Anführungszeichen – Behinderte, die es noch schwerer haben als du, Taubstumme, Stummblinde und Blindlahme also, mit der Sprache jenes Volkes vertraut machen kannst, das sich schon deswegen unsterbliche Verdienste erworben hat, weil es die westwärts vorstoßenden Perser bei ihrem Versuch, das Abendland zu unterjochen – in Anführungszeichen natürlich – behinderte?«

Doch zu meiner Überraschung gab Henry vor, lediglich mal kurz nach Pornos gesucht zu haben, wo ich denn meine Aufgeilothek versteckt hätte.

»Henry!« begrüßte ich ihn am Ende dieser ereignisreichen, ja schier endlos wirkenden Woche. »Heute ist ein großer Tag, den wir feiern müssen. Gibst du uns, Ingrid und mir, einen Schluck von unserem Prosecco ab?«

»Weil ihr es seid«, antwortete Henry mißmutig. »Ich höre.«

»Übermorgen, Henry, wird das große Rehabilitationszentrum im herrlich weit abgelegenen Bad Wichtel eröffnet, und stell dir vor: Die haben noch einen Platz für dich! Ich habe mich die ganze Woche lang erkundigt, seit heute weiß ich: Es klappt! Übermorgen schon wirst du in die Perle der Wichtelberge umziehen und endlich deinen alten Kindertraum wahr machen können: Du wirst zusammen mit anderen – in Anführungszeichen – Behinderten zum Hilfsfrankierer ausgebildet und wirst es fortan auch in beruflicher Hinsicht mit jedem – in Anführungszeichen natürlich – Normalen aufnehmen können. Ist das nicht herrlich?«

Doch zu meiner Enttäuschung brummte Henry zunächst lediglich, ob ich nicht das unerträgliche Anführungszeichengetue lassen könne.

»Und sonst hast du uns nichts zu sagen?« fragte ich bekümmert. »Sag mal Henry, findest du es eigentlich – natürlich in Anführungszeichen – normal...« Ich unterbrach mich. »Anführungszeichen natürlich in Anführungszeichen« –, fügte ich hastig hinzu, da Henry noch eine Spur düsterer als gewohnt zu blicken schien. »Freust du dich denn gar nicht?« setzte ich nochmals an und leitete unwillentlich das ein, was uns, Ingrid und mich, seither schon viel Trauerarbeit gekostet hat: den Bruch mit Henry.

Denn Henry legte nicht nur überhaupt keine Freude oder Dankbarkeit an den Tag, er erging sich zudem in derart herabsetzenden Worten über jene, wie er sich ausdrückte, »Krüppel«, die so idiotisch seien, die Rehabilitationskacke und das sich anschließende stinknormale Rattenrennen nach Pöstchen und Kröten mitzumachen, daß ich ihn schließlich darüber in Kenntnis setzen mußte, ich könne es nicht dulden, wenn verbal in meinen vier Wänden Minderheiten diffamiert würden.

»Wer diffamiert hier denn wen?« fragte Henry drohend und rollte auf mich zu.

»Du diffamierst die Behinderten, indem du sie –«

»Aber ich bin doch selber einer. Da werde ich doch wohl noch einen Krüppel einen –«

»Wenn ich dieses Wort noch einmal hören muß, dann –«

»Welches Wort?«

»Na, welches Wort wohl?«

»Krüppel, nicht wahr? Aber ich bin nun mal einer! Das wenigstens solltest auch du –«

Obwohl von der vorangegangenen Anschreiarbeit erschöpft, machte ich einen letzten Versuch, mich mit Henry inhaltlich auseinanderzusetzen.

»Henry, du bist kein Krüppel, du bist ein Behinderter. Punkt Eins. Obwohl –«

»Obwohl?«

»Obwohl du –«, geschickt wich ich der Prosecco-Flasche aus, die Ingrid warnend nach mir schleuderte –, »obwohl du wahrscheinlich recht hast. Du bist gar kein richtiger Behinderter. Richtige Behinderte sehen in ihrem Behindertsein einen Ansporn und eine Chance, der Welt, vor allem aber anderen, noch behinderteren Behinderten zu beweisen, was Willenskraft vermag. Auf welchem Gebiet immer, sei es Wissenschaft, sei es Kunst, sei es Sport, haben behinderte Menschen wie Helen Keller, Frieda Kahlo und... und...«

»Oberst Rudel!« schrie Henry dazwischen. »Im Krieg Hitlers höchstdekorierter Soldat, im Frieden dann die einbeinige Skikanone, vielfacher Träger des Goldenen Behindertensportabzeichens – Heil Rudel!«

»Sag mal, habe ich richtig gehört? Hast du hier eben einen Faschisten gefeiert?«

»Nein, einen Behinderten!«

»Rudel war kein Behinderter!«

»Sondern?«

»Rudel war ein... ein...«

»Sag doch: Krüppel!« bellte Henry, da wußte ich, was ich zu tun hatte. Ich rief bei den Bartels an und teilte ihnen mit, meine stehbehinderte Namensvetterin habe sich urplötzlich für einen Besuch angemeldet, so daß wir uns leider gezwungen sähen, den auch von uns mittlerweile sehr emotional besetzten Henry – ob er verstünde oder ob er etwa Vorurtei–

Er hatte natürlich keine und sogar das Glück, auf die Schnelle eine Bleibe für Henry zu finden. Die Möhringers, vorurteilsfrei wie in unseren Kreisen eigentlich alle, konnten ihn zwar nicht selber aufnehmen, jedoch die Wegners dazu überreden, ihn den Bertholds zu avisieren, die ihn dann bei den Bolzens untergebracht haben sollen. Das jedenfalls teilte mir Henry vor drei Tagen telefonisch mit, verbunden mit der Ankündigung, er werde mal in nächster Zeit vorbeirollen. Ob er es getan hat? Das entzieht sich leider, leider meiner Kenntnis, da ich mich seit drei Tagen außerstande sehe, auf Klingeln zu öffnen. Irgendwann muß ein berufstätiger Mann wie ich ja auch die Möglichkeit haben müssen, seine Arbeitsarbeit abzuleisten – oder?

Das Ansprechen fremder Frauen ist ein Kinderspiel verglichen mit dem Aussprechen fremder Wörter. Am tückischsten freilich sind

Fremde Namen

Im Gegensatz zu anderen Kreisen, die es in vielen Punkten sehr genau nehmen, werden unsere Kreise geradezu dadurch konstituiert, daß wir es in den meisten Punkten nicht so genau nehmen. In einem Punkt allerdings verstehen wir keinen Spaß, in der richtigen Aussprache von Fremdwörtern, speziell von fremdländischen Namen. Nie werde ich das tödliche Schweigen vergessen, das sich an unserem Tisch im »Cannelloni-Karl« ausbreitete, als Dieter, ein neu hinzugekommener Gast, stolz verkündete: »Im Fernsehen soll morgen ein ganz toller Film kommen: ›Walzerkreuzer Potemkin‹!«

Es war nicht so sehr der Walzerkreuzer, der ihm das Genick brach, als sein »Potemkin«, ein russischer Nachname, der sich, wie jedermann, jedenfalls in unseren Kreisen, weiß, ganz anders ausspricht, als er geschrieben wird, nämlich »Patjomkin«.

Dieter, der daraufhin keines Blickes mehr gewürdigt wurde, mied fortan unseren Tisch, ja das gesamte Lokal, in letzter Zeit soll man ihn wiederholt in Discos und in der Gesellschaft von elend jungem Gemüse gesehen haben. Na ja, Strafe muß sein.

Vor zwei Tagen freilich hätte es um ein Haar mich selber geschrägt. Ich saß mit Gabriele im »Turm-Spanier« –

einem Lokal, das deswegen so heißt, weil ein Jugoslawe es leitet und weit und breit kein Turm zu sehen ist –, als mir mein, übrigens bezauberndes, Gegenüber mitteilte, im Kommunalen Kino beginne nächste Woche eine Buñuel-Retrospektive. Das »Buñuel« aber sprach sie »Buhnuell« aus. »Bünüell«, korrigierte ich sie. »Wie dat dann?« fragte sie pikiert. »Weil er zufällig so heißt.« – »Der Buhnuell?« – »Nein, der Bünüell!«

Wir hätten wohl noch längere Zeit so weiterdiskutiert, wäre nicht unvermutet Herbert an unseren Tisch getreten.

»Ist hier noch ein Platz frei?« fragte er, um sich sogleich zu uns zu setzen, da in unseren Kreisen einige Fragen keiner Antwort bedürfen. »Ist hier noch ein Platz frei« ist so eine Frage.

»Gut, daß du kommst!« begrüßte ihn Gabriele strahlend. »Wir streiten uns nämlich gerade.«

»Darf man fragen, worüber?« fragte Herbert hilfreich.

»Darüber, ob sich der berühmte surrealistische Regisseur deutsch und falsch Buhnuell oder französisch und richtig Bünüell ausspricht«, erklärte ich in meiner betont sachlichen Art. »Bunjuell«, sagte Herbert, ohne mit der Wimper zu zucken. »Wie bitte?« – »Ihr irrt beide«, erläuterte er. »Da der Mann Spanier ist und ein« – er machte eine wellenförmige Handbewegung – »auf dem ›n‹ trägt, einen Schweifakzent also, trifft weder Gabrieles germanisierte noch deine gallisierte Aussprache seines Namens zu, da ausschließlich die spanischen Lautgesetze maßgebend sind, und die verlangen gebieterisch, daß man ihn so ausspreche: Bunjuell.« Am liebsten wäre ich vor

Scham in den Fliesenboden versunken, doch nichtsahnend kam mir Gabriele zur Hilfe.

»Wo kommst du denn noch so spät her?« fragte sie Herbert.

»Ich war in den Kammerspielen«, antwortete er unbedacht, »da wurde der ›Totentanz‹ gegeben. Von Strindberg.« Ich erkannte sofort meine Chance. »Strindbjörg«, sagte ich kalt. »Wie bitte?« – »Berg ist die germanisierte Fassung«, gab ich ungerührt zur Antwort. »Der Schwede aber sagt, ›björg‹. So, wie er ja auch nicht ›Butterberg‹ sagt, sondern ›smörrebjörg‹.«

»Stimmt«, räumte Herbert überraschend konziliant ein, freilich nur, um mit um so tödlicherer Tücke nachhaken zu können: »Allerdings leitet sich das ›berg‹ in ›Strindberg‹ nicht vom deutschen ›Berg‹ her, da der ganze Name nichts weiter ist als eine schwedisierte Form unseres deutschen Wortes ›Strandburg‹, das im Schwedischen korrekt ›Strindberg‹ ausgesprochen werden muß.«

»Ach so ist das?« warf Gabriele mit einem derart anerkennenden, fast anhimmelnden Lächeln ein, daß ich ihr am liebsten links und rechts eine reingesemmelt hätte.

»So und nicht anders!« erklärte Herbert heiter und hätte – wer weiß – den Abend bereits für sich entschieden, wäre ihm nicht doch noch ein entscheidender Fehler unterlaufen.

»Die haben überhaupt ein gutes Programm in den Kammerspielen«, verkündete er leichtfertig, »demnächst bringen sie ›Der Revisor‹. Von Puschkin.« Sogleich setzte ich zum Gegenschlag an. »Püschkin«, sagte ich schneidend. »Moment mal«, erwiderte Herbert kopfschüttelnd, »im

Programmheft stand aber ›Puschkin‹!« – »Im Programmheft, im Programmheft!« höhnte ich. »Stand da nicht zufällig auch, daß im Russischen ein i in der Nebensilbe den Vokal der Hauptsilbe umlautet, ein ›u‹ in diesem Falle also ›ü‹ ausgesprochen werden muß?«

Wie betäubt stierte Herbert eine Zeitlang in Gabrieles Ausschnitt, doch plötzlich glitt ein verschlagenes Lächeln über seine freilich ohnedies nicht allzu anziehenden Züge.

»Du hast vollkommen recht«, begann er ölig, »nur...«

»Nur was?«

»Nur gilt das nicht für Hauptsilben, die auf sch, nsch und wrmpf enden. Alles Endungen, die, wie du sicher weißt, die Umlautung durch das i in der Nebensilbe verhindern. Weshalb nur folgende Aussprache korrekt ist: Puschkin.«

Um ein Haar wäre ich in die Schlinge des wrmpf getappt, dann aber erkannte ich Herberts teuflischen Plan: ein boden- und uferloses Gespräch über auslautende russische Hauptsilben. Ohne mich!

»Diese Regel ist mir nicht ganz unbekannt«, begann ich verbindlich, um sodann hart fortzufahren: »Sie gilt allerdings nicht bei Nachnamen, die auf einen Vornamen folgen, der mit einem A beginnt. Da tritt nämlich die Lex Ander in Kraft, welche die Umlautung der Hauptsilbe trotz auslautendem sch, nsch und wrmpf zwingend zur Folge hat, weshalb –«

»Welche Lex Ander?« unterbrach mich Herbert verstört. Jetzt hatte ich ihn!

»Na welche wohl?« konterte ich ätzend. »Ich denke, wir reden über A-lexander Püschkin?« Der Hieb saß. Gleich einem gefällten Baum brach Herbert zusammen, schwer schlug sein Kopf inmitten von Gabrieles Cevapcici auf. Ich nickte Gabriele zu, ohne Widerrede erhob sie sich und zahlte. Erst als wir bereits vor der Tür standen, bemächtigte sich meiner ein plötzliches Mitgefühl. Ich rief den Ober zu mir.

»Wenn der Herr da aufwacht, spendieren Sie ihm doch bitte einen doppelten Slivovitz«, bedeutete ich dem dienstbaren Geist. »Auf seine Kosten natürlich«, setzte ich noch im Weggehen hinzu.

»Der Revisor« ist übrigens von Gogol.

Nachdem wir die alte Sinnlichkeit glücklich zu Grabe getragen hatten, hätte Ruhe im Karton sein können. Dafür, daß es anders kam, sorgte jedoch

Die neue Sinnlichkeit

Wer, wie ich, längere Zeit in unseren Kreisen gelebt hat, den erstaunt so leicht nichts mehr. Trotzdem schwang Verwunderung in meiner Stimme mit, als ich, die samstägliche Frühstückspost musternd, folgende, an Ingrid und mich gerichtete Einladung vorfand: »Salaam! Da uns bekannt ist, daß du/ihr schnelle Pferde und schöne Knaben/ Frauen liebt, erlauben wir uns, dich/euch am Samstag den 13. zu einer Bauchtanz-Fete einzuladen. Stargast: Alischa. Oriental. Küche. Bringt massenhaft Getränke mit. Aleikum! Die drei Annas.«

Ich blickte auf.

»Begreifst du, was das soll?«

»Das wird das alljährliche Anna-Fest sein«, sagte meine Frau und unterbrach ihren Versuch, eine Erdbeere zu schälen. »Zeig doch mal!«

Nun weiß ich selber, daß die drei Annas den dürren Fakt, daß sie alle drei Anna heißen, alljährlich zum Anlaß eines rauschenden Anna-Festes nehmen; was mich verwirrte, war der unverkennbare orientalische Einschlag, der sich durch die Einladung zog:

»Ist da ein Kostümfest geplant?«

»Soweit mir bekannt ist – nein«, entgegnete Ingrid.

»Irgendwas zugunsten der PLO?«

Sie schüttelte den Kopf.

»Und was bedeutet dann das Wort ›Bauchtanz-Fete‹?«

»Daß bei der Fete Bauchtanz zu sehen sein wird.«

»Höre ich recht: Bauchtanz?«

»Ja doch, Bauchtanz«, sagte Ingrid fast unwirsch und nahm ihren Versuch, die Erdbeere zu schälen, wieder auf – weil doch die taz gerade wieder vor einer verdammt hohen Caesium-Konzentration in diesen beschissenen Erdbeerschalen gewarnt habe, wie sie erläuternd hinzufluchte.

»Du meinst – so Jux-Bauchtanz?« unterbrach ich sie hoffnungsvoll und stimmte ein, wie ich fand, keineswegs diskriminierendes, orientalische Melismen vielmehr durchaus solidarisch parodierendes nasales Geheul an, zu dem ich mit den Händen wedelte und ansatzweise die Hüften schwang: »Eine Nacht im Harem –, und alle kommen in Bademänteln – etwas in der Richtung?«

Ein abschätziger Blick Ingrids brachte mich jäh zum Verstummen. »Der Bauchtanz«, sagte sie kühl, »ist keine getanzte Anmache, wie du zu vermuten scheinst, ja, er ist nicht einmal ein Tanz in unserem europäischen Sinne. Er ist mehr als das. Er ist etwas Wildes und Stolzes, Inbegriff und Beweis der Würde und der Kraft der orientalischen Frau.« Sie machte eine unheilschwangere Pause, bevor sie fortfuhr: »Und nicht nur der orientalischen...«

Da endlich begriff ich, daß mir wieder harte Zeiten bevorstanden.

So weit ich zurückdenken kann, hat die Dialektik zwischen Kopf und Bauch unsere Kreise wie kaum ein anderes Thema bewegt und in Atem gehalten. Nicht immer war es mir leichtgefallen, auf dem laufenden zu bleiben – da genügte ja bereits ein kurzer Auslandsaufenthalt, und schon hatte man, zurückgekehrt, einen entscheidenden Lernprozeß verpaßt, rühmte man noch, zum Beispiel, bewußtlos die systemsprengende Kraft der Pornographie, während doch den betreten sich abwendenden anderen gerade in der Zwischenzeit bewußt geworden war, daß die Pornographie den Menschen leider auf einige wenige fetischisierte Körperfunktionen reduziere, also essentiell nicht von dem sich unterscheide, was der Spätkapitalismus im Interesse der Profitmaximierung dem von seinen Möglichkeiten her auf Totalität hin intendierten Menschen in allen anderen Lebensbereichen auch antue – doch abgesehen von solchen, stets schnell aufgeholten Verspätungen hatte ich kopf-bauchmäßig so ziemlich alle Thesen, Antithesen und Synthesen mit- und nachvollzogen, bis in so verzweifelte Sackgassen wie die, daß just zur selben Zeit, als wir Männer endgültig von der tradierten Vorstellung der Frau als Sex-Objekt, das es mit Blicken auszuziehen gelte, uns verabschiedeten, die Frauen immer entblößter in Parks und an Baggerseen sich räkelten, was in mir immer häufiger den Wunsch weckte, sie mit Blicken anziehen zu können, dann immer jedenfalls, wenn ich trotz bester Absichten meine Blicke doch nicht völlig von den wippenden sekundären Geschlechtsmerkmalen meiner Gesprächspartnerinnen wenden konnte, die, beispielsweise die ständig rigideren Überwachungsmaßnahmen des Staates beklagend, immer erstaunter meinem Kommentar lauschten: Wenn der Innenminister sich damit brüste, daß er Horchwarzen einsetze, dann solle er doch titte sehr auch gleich das Grundgesetz der Busenrepublik abschaffen.

Doch das blieben Ausrutscher. Aufgrund häufiger Park- und Baggerseeaufenthalte und dank zielstrebig betriebener Konditionierung war es mir gelungen, mit den rosigsten Frauen locker über die dunkelsten Themen zu diskutieren, beispielsweise über »Global 2000«, bei der »Global 2000«-Lektüre dann freilich – aber ich begebe mich unter mein Niveau. Jedenfalls hatten wir, die Frauen und Männer unserer Kreise, mit den Jahren zu einem erfreulich entspannten, nicht mehr durch Penetranz- und Dominanzbestrebungen vergifteten, vielmehr auf gegenseitigen Respekt sich gründenden Umgang miteinander gefunden, als dieses ebenso delikate wie dröge Gleichgewicht plötzlich ins Wanken geriet.

Schuldzuweisungen sind so eine Sache, ich weiß, doch eines möchte ich an dieser Stelle denn doch sagen dürfen: »Wir warn's nicht« – wobei ich mit »wir« diejenigen Männer unserer Kreise meine, die sich plusminus in meinem Alter, »unserem Alter« also, befanden. In vielfältigste Selbst-, Sinn- und Geldfindungsprozesse verstrickt, schenkten wir den um uns sich mehrenden hochhackigen Schuhen, Seidenstrümpfen, durchbrochenen Unterhemden und ähnlichen längst entlarvten Reizmitteln einer Zeit, da die patriarchalische Gesellschaft der Frau keine andere Wahl ließ, als die, größtmöglichen Vorteil aus der ihr zudiktierten, natürlich auf Männerphantasien sich gründenden Weibchenrolle zu ziehen, um so – kurz und gut: Wir schauten lediglich zerstreut auf, wenn die Frauen unserer Kreise immer häufiger derart gewandet in die Zimmer traten, und auch das allgemeine Geschwärme und Gestampfe, mit dem unsere Damenwelt Sauras »Carmen«-Film begleitete, hielt ich zumindest für eine jener kurzlebigen, typisch weiblichen Capricen, die auf keinen Fall mit den dialektisch hin und her flutenden Strömungen des Zeitgeistes verwechselt werden durften.

Ein holder Selbstbetrug, den die Einladung zur »Bauchtanz-Fete« jäh zerstörte: Die Frauen machten offensichtlich ernst. Und am Samstag, dem 13., war es denn auch soweit.

»Soll ich nicht vorsichtshalber doch einen Bademantel anziehen?« fragte ich Ingrid, die gerade in das geschlitzte Schwarze schlüpfte. »Ich meine: Vielleicht ist es doch –«

»Spiel nicht den Scheich, wir gehen zu einer Bauchtanz-Fete«, gab Ingrid kühl zurück. »Kannst du mal den Reißverschluß zumachen?«

»Gerne. Wo?«

»An deinen Jeans.«

»Oh! Tatsache.«

Doch noch bis zu dem Moment, an welchem es tatsächlich stattfand, wollte ich nicht glauben, was ich dann mit eigenen Augen sah: Zu den Klängen einer unverwechselbar arabischen Musik tanzte eine unverkennbar halbnackte Frau, angefeuert von unheimlich progressiven Geschlechtsgenossinnen, einen unbestreitbaren Bauchtanz, der in uns, den unverwandt hinblickenden Männern, unvermutet ungute Gefühle auslöste. Oder hätten wir uns sonst einer nach dem anderen auf eben jener Terrasse eingefunden, von der aus man zwar noch einen Blick auf das

Bauchtanzgeschehen werfen, aber nicht darin verwickelt werden konnte?

Holger und ich waren die ersten, die diesen rettenden Port aufsuchten.

»Sag mal – hat dich das irgendwie angemacht?« fragte er und entkorkte eine Flasche »Dürkheimer Riesling«.

»Angemacht? Was denn?« fragte ich erstaunt zurück und reichte ihm meinen Plastikbecher.

»Na diese Hüft- und Busengeschichten, also wenn die Alischa da ihren Bauch so, na so...« sagte er und schenkte mir ein.

»Sehr ritualisiert, oder?« gab ich zu bedenken. »Zu formelhaft jedenfalls, um mich auch nur einen Moment lang vergessen zu lassen –«

»Was?« fragte der hinzutretende Hans-Anton und reichte Holger seinen Plastikbecher.

»Na dingens.«

»Genau«, rief Ulrich, sich zwischen uns drängend, »trink ich auch!«

»Wir problematisieren hier gerade das Tanzen und nicht das Trinken«, sagte ich empört, wurde aber von Werner unterbrochen, der schwer atmend zu uns stieß und wie gehetzt auf das Bauchtanzgeschehen deutete: »Schau mal, was die da mit Manfred macht!«

»Die da« war Alischa, und Alischa hatte Manfreds Hals fest im Griff eines Spazierstocks, mit dessen Hilfe sie ihn vor den Augen der mitleidlos klatschenden Damenwelt dazu zwang, ihren Bewegungen dahingehend zu folgen, daß er sie, so gut es ging, nachahmte, was beim notorisch hageren Manfred mangels fleischlichen Obens und Untens geradezu zum Lachen war, oder zum Weinen, je nachdem, auf welcher Seite der Barrikade man stand. Auf jeden Fall fanden in jenen peinigenden Minuten auf jener Terrasse jene klärenden Gespräche statt, die es uns Männern erlaubten, uns unvermutet dorthin zu setzen, wohin wir von Natur aus hingehörten: an die Spitze der Bewegung.

Denn als die Frauen nach beendetem Bauchtanz auf die Terrasse strömten und uns mit unverhohlenem Spott zu verstehen gaben, diese unverstellte Demonstration weiblichen Körperstolzes und femininer Geschlechtswildheit habe uns, die kopflastigen Herren der Schöpfung – »Und vor fünf Jahren galten wir noch als schwanzfixiert!« maulte Holger, doch gottlob hörte niemand auf ihn –, Alischas so beredte Körpersprache also habe uns offenbar sprachlos gemacht, da war es an mir, die delirierenden Damen dahingehend zu verwarnen, sie sollten den heutigen Tag nicht vor dem nächsten Tanzabend loben, an welchem nämlich wir – ich deutete auf die erstaunlich gefaßt dreinblickende Männerrunde – eine Demonstration männlicher Körperwildheit und maskulinen Geschlechtsstolzes vorzuführen gedächten, die auch ohne die der Damenwelt offenbar unverzichtbaren hispaniolischen oder orientalischen Anleihen –

»Wann?« schrien die Frauen auf.

»In einer Woche!« brüllte ich unbedacht zurück.

Mittlerweile sind die Einladungen bereits verschickt, wir aber proben noch immer wie die Henker. Und immer noch steht in den Sternen, ob wir den gemeinsamen Schuhplattler bis zum nächsten Wochenende packen werden. Denn, um es mit den Worten unseres Trainers Sepp Birblöser zu sagen: »D'Krprwuildheit hobts scho schö spontan einibroacht, doch eier maskuliner Geschlechtsstolz wird so lange aufisetzt und net von innen heraus authentisch wuirken, solange noch ihr eich und net ES eich aufn Oarsch haut. Derzwingts net, des Schloagn! Loßts den Kopf außi! Loßts kimma, des Schloagn, loßts fluten!«

Aber ob ES das noch bis zum Samstag schafft?

Ich heiße mich hoffen: Holladriöh!

In unserem Haus kann man über alles reden, nur nicht über eine Viertelstunde und über

Carola

»Norbert«, sagt mir Ingrid, »weißt du, was ich in zehn Tagen habe?«

»Mich lieb«, antworte ich geistesabwesend, da ich gerade die »Spiegel«-Ausgaben der letzten zwei Wochen archiviere und sie nicht durcheinanderbringen möchte.

»Geburtstag!« berichtigt mich meine Frau schneidend. »Weißt du, was ich da werde?«

»Mich ganz lieb haben?« frage ich versonnen zurück, während ich die »Spiegel«-Hefte mustere: Welchem sollte ich den Vortritt in dem Hefter lassen? Der Nummer 41 oder der Nummer 42? Alter vor Schönheit oder Schönheit vor – »Ja?«

»Vierzig!« sagt Ingrid fast auftrumpfend. »Und weißt du auch, was das heißt?«

»Forty«, erwidere ich verbindlich. »Jedenfalls auf englisch.«

»Das heißt, daß ich feiern möchte!« fällt mir Ingrid ins Wort. »Und zwar mit Gästen.«

»Geh ins Gasthaus«, schlage ich zerstreut vor, während ich noch immer angestrengt die »Spiegel«-Nummern vergleiche. »Da laufen sie frei rum, die Gäste.«

»Deine vielleicht«, sagt Ingrid scharf. »Meine möchte ich hier in diesen vier Wänden empfangen.«

»Aha!« entgegne ich, während ich spüre, wie ich die beiden »Spiegel«-Ausgaben endgültig durcheinanderbringe, doch um an meinem grundsätzlichen Interesse keinen Zweifel aufkommen zu lassen, füge ich noch ein solidarisches »Oho!« hinzu.

»Und eins will ich dir gleich sagen«, ruft Ingrid hastig aus, »diesmal werde ich auch Carola einladen. Sie hat sich letzten Sommer so nett um unsere Katze gekümmert, daß –«

Mit einem Klagelaut lasse ich die »Spiegel«-Hefte sinken, stumpf blickend hefte ich sie ab, ohne auf irgendeine Reihenfolge zu achten. »Norbert, es muß sein!« höre ich noch – das nächste, was ich wieder mit Bewußtsein wahrnehme, ist, daß ich mich im »Cannelloni-Karl« befinde. Welcher gute Engel wohl meine Schritte auf dem verkehrsreichen Weg in dieses Lokal bewacht hat? Oder sollte ich besser sagen: Welcher Racheengel?

Nicht, daß ich etwas gegen Carola habe. Ich habe ja auch nichts gegen Lawinen, ich gehe ihnen lediglich aus dem Weg. Was ganz einfach damit zusammenhängt, daß ich kein ernstzunehmender Gegner für sie bin, für eine Lawine nicht und nicht für Carola. Aber gibt es überhaupt jemanden, den sie fürchten muß?

»Na, so besinnlich?« fragt mich Hans-Anton und nimmt neben mir Platz. »Ist was?«

»Ingrid hat mir gerade gesteckt, daß sie ihren vierzigsten Geburtstag groß feiern will.«

»Na und? Ist doch ein netter Anlaß, sich mal wieder zu sehen!«

»Und daß sie zu diesem Anlaß auch Carola einladen will«, füge ich hinzu.

»Ach ja? O schade! Da fällt mir gerade ein, daß ich diesen Monat ja faste und deswegen jede Einladung leider –«

Ich schaue streng auf sein Bierglas.

»Ja, weißt du, das ist so ein Fasten nach den Vorschriften der dänisch-alkoholischen Kirche: Nur ganz wenig trinken, aber oft und dann viel, und essen ist zwischen den Mahlzeiten so gut wie verboten, vor allem aber, jetzt fällt's mir wieder ein, vor allem darf man während des Fastenmonats nicht auf so Geburtstage gehen, jedenfalls nicht auf solche von so Ehefrauen von so freiberuflichen Freunden, die gerade so ein so rundes Jubiläum feiern –«, er sieht mich gehetzt an.

»Ist gut, Hans-Anton, du fehlst entschuldigt«, sage ich besänftigend und erwäge für einen Moment, ob nicht auch ich unter dem Vorwand des Fastens dem Geburtstag fernbleiben kann, verwerfe diesen Gedanken jedoch sofort.

»Ein Mann kann zwar vernichtet, aber nicht besiegt werden«, denke ich beim ersten doppelten Grappa. »Die Garde stirbt, aber sie übergibt sich nicht«, überlege ich beim dritten. »Ffrisch gewwagt, ist halb gerrronnen«, sage ich beim sechsten mit Nachdruck, und beim achten bereits sehe ich die Welt in einem derart rosigen Licht, daß ich Hans-Anton, der noch immer in seinem ersten Bier herumstochert, erst mal ein »Ffeigling« zurufe und dann ein »Obusglaubsoernich – diesmal packe ich die Carola!«

»Ha!« entgegnet er höhnisch, und noch als ich nach dem Satteltrunk in eine merkwürdig kreisende Nacht trete, geht mir ein Gelächter nach: »Ha ha ha ha ha ha!«

Eine Woche später zeigt mir Ingrid die Gästeliste. Wir

werden zu siebt sein, stelle ich fest, Ulla und Werner, Karin und Manfred, Ingrid und ich, und, natürlich, Carola.

»Gab merkwürdig viele Absagen«, sagt Ingrid sinnend.

»Du hast doch wohl nicht rumerzählt, daß Carola kommt?«

»Doch. Warum?«

»Ach nichts«, sage ich und registriere zugleich unbestechlich, daß die Gäste, die zugesagt haben, alles Bekannte sind, die, aus welchen Gründen immer, Carola noch nicht kennengelernt haben. Na gut, sage ich mir, muß ich eben alleine kämpfen. Um so besser, denke ich, der Starke ist am stärksten allein. Und trotzdem sehe ich dem unerbittlich näher rückenden Geburtstagsabend mit einer Mischung aus Furcht und Angst entgegen.

Wer mir bis hierher gefolgt ist – und ich verdenke es keinem, wenn er mir nicht bis hierher folgen konnte oder wollte, wär mir wahrscheinlich selber nicht so weit gefolgt, hätt ich's denn anders zu Papier bringen können, ging aber nicht –, wer also mir bis hierher gefolgt ist, hat, finde ich, ein Anrecht darauf, daß ich ihm, bevor ich ihn ins Hauptfeuer führe, die naheliegende Frage beantworte: Was eigentlich ließ diejenigen, die Carola kannten, bereits bei der Erwähnung ihres Namens derart zusammenzucken? Was gestandene Mannsbilder angesichts dieser jungen, adretten, blondgelockten Person zu haltlosen Memmen werden?

Nun – wie niemand sonst verstand sich Carola auf die folgenreiche Kunst, mit einem Minimum an intellektuellem Aufwand ein Maximum an emotionaler Wirkung hervorzurufen, indem sie ohne Scheu in hochqualifizierten Runden die unqualifiziertesten Behauptungen aufstellte, Behauptungen, die in allen anderen Gesprächszirkeln der Welt mit amüsiertem Schweigen übergangen worden wären, doch nicht so in unseren Kreisen. Sie, die trotz allen Aporien immer noch Aufklärung auf ihr Banner geschrieben hatten, die trotz allen Anfechtungen des immer rascher sich wandelnden Zeitgeistes darauf pochten, daß wahr und unwahr erkennbar, daß richtig und falsch benennbar seien – diese gutwilligen Fliegen mußten sich zwangsläufig im bewußt grob geflochtenen Behauptungsnetz einer Carola verfangen, der das gesprochene Wort nicht Mittel zum Zweck erhellenden Diskurses war, sondern nichts weiter bezweckte als Chaos, Konfusion und jenen Krach, der sich immer dann erhebt, wenn eine Handvoll Hirten dem einen schwarzen Schaf so eindringlich wie möglich den richtigen Weg in den rechten Pferch weisen möchte. Aber noch war es ja nicht soweit, noch wiegte ich mich in der trügerischen Hoffnung, nicht nur selber Carolas Sirenenklänge widerstehen, sondern überdies auch noch die Schar meiner Gefährten vor ihr in Sicherheit bringen zu können – wohl nie ist ein hochgemuterer Odysseus auf niederschmetterndere Art baden gegangen. Aber der Reihe nach.

Der Abend ließ sich gut an. Ingrid, die eine Speisefolge ausgeklügelt hatte, welche sie dazu zwang, ständig zwischen Wohnzimmer und Küche hin und her zu eilen, fand von Mal zu Mal begeistertere, von Gang zu Gang gelassenere Gäste vor. Längst hatten sich verschiedene, unterschiedlich haltbare Gesprächsfäden entsponnen, gerade sprachen Ulla und Manfred quertisch und querbeet über die Vor- und Nachteile verschiedener Brotsorten, während Werner der Karin und mir angeregt davon berichtete, wie er die DDR beim letzten Verwandtenbesuch vorgefunden hatte; aufmerksam ließ Carola ihre Blicke schweifen, sagte aber wenig mehr als Anerkennendes zu den wechselnden Gängen. Schon glaubte ich das Spiel gewonnen, da geschah es. Nachdem es uns nun auch noch den Kaffee serviert hatte, ließ sich das Geburtstagskind aufseufzend in ihren Sessel fallen und schob mir, der ich gerade Cognac ausschenkte, ein Glas rüber: »Den kann ich jetzt brauchen!«

»Nein danke, mir keinen«, wehrte Carola ab, als ich die Flasche lockend offerierte, und dann, da sie die gesamte Hirtenschar um sich wußte, schien es ihr an der Zeit, sich endlich in jenes schwarze Schaf zu verwandeln, auf welches ich nach all den Stunden nun schon fast gar nicht mehr gefaßt gewesen war: »Also eins ist ja wohl klar: In der ganzen DDR gibt es kein gutes Brot zu kaufen.«

Ich hatte kaum Zeit, die Geschicklichkeit zu bewundern, mit der Carola die beiden bisher getrennt geführten Gesprächsstränge dreist verhedderte, da schwante mir bereits, daß meine Partie verloren war, noch bevor sie begonnen hatte. Trotzdem versuchte ich rasch noch ein Ablenkungsmanöver. »Hat jemand von euch die Ausstellung ›Schöne Schuber‹ im Kunstgewerbemuseum gesehen? Nein?« Ich schaute forschend in die Runde, schickte, da sich zwischen Werners Brauen eine steile Falte bildete, ein einschmeichelndes »Niemand? Ich auch nicht! Das muß gefeiert werden!« hinterher und konnte doch trotz allen

Gewedels mit der Cognacflasche nicht verhindern, daß Werner sich Carola zuwandte und einigermaßen entgeistert »Wie kommst du denn darauf?« fragte.

»Weil's stimmt«, antwortete Carola fest.

»Warst du denn schon mal in der DDR?«

Da ich Carola kannte, ahnte ich ihre Antwort bereits, konnte jedoch nicht verhindern, daß sie die aufhorchenden Gäste wie ein Hammerschlag traf: »Nein. Wieso?«

»Also...« Während Werner noch nach Worten suchte, kam ihm die raschere Ulla zur Hilfe: »Du kannst doch nicht behaupten, daß es in der DDR kein gutes Brot zu kaufen gibt, wenn du noch nie da warst.«

Ein so naheliegender wie triftiger Einwand, daß er wohl jedermann zum Verstummen gebracht hätte. Nicht so Carola. Die blickte scheinbar gleichgültig in die Runde, die nun bereits vollzählig an ihren Lippen hing, auch ich konnte mich ja nicht von ihnen losreißen, obwohl ich die Antwort kannte oder doch zu kennen glaubte, da Carola sie in vergleichbaren Fällen bereits mit Erfolg eingesetzt hatte – »Man muß nicht irgendwo gewesen sein, um dort Bescheid zu wissen, Dante war nie in der Hölle, und Kafka war nie in Südamerika« –, doch als ich mich eben anschickte, Carolas Antwort dadurch zu entwerten, daß ich sie vorwegnahm, kam sie mir mit einer ganz unerhörten Variante zuvor: »Aus der DDR ist in den ganzen fünfzig Jahren ihres Bestehens noch nie was Gutes gekommen, wieso sollen die auf einmal gutes Brot machen?!«

Klar, daß die »fünfzig Jahre« lediglich ein gezielt ausgelegter Fehlinformationsköder war, den Carola, zur Rede gestellt, sogleich zum Dolch umfunktionierte: »Nicht fünfzig Jahre? Na, ihr müßt's ja wissen, ihr seid schließlich alle älter als ich.«

Klar auch, daß niemand mehr auf dem schlechten Brot der DDR beharrte, da die Folgebehauptung, letztere habe überhaupt nichts Gutes hervorgebracht, die haltlose Erstbehauptung derart in den Schatten stellte, daß die gesamte Runde nun versuchte, die Redende von der ganz und gar vollkommenen Haltlosigkeit der zweiten zu überzeugen: »Das kannst du nun wirklich nicht sagen!«

»Was?«

»Daß die DDR nichts Gutes hervorgebracht hat.«

»Hat sie aber nicht.«

»Und die Tatsache, daß sie, anders als die BRD, einen Staat ohne alte Nazis hochgezogen hat?«

»Ich sprach ausdrücklich von kulturellen Hervorbringungen.«

Hatte sie natürlich nie getan, doch nun hat Carola die anderen derart verwirrt, daß sie ihr jedes Wort schon deshalb glauben, um so rasch wie möglich selber zu Wort zu kommen: »Du willst doch nicht behaupten, die DDR habe überhaupt keine kulturellen Leistungen hervorgebracht?!«

»Als da wären?« fragt Carola ungerührt zurück. Nun prasseln Namen und Argumente nur so auf sie herab, doch sie sinkt keineswegs in sich zusammen, wächst vielmehr mit jedem Widerwort.

»Und Heiner Müller?«

»Ich sprach von Kultur.«

»Aha. Heiner Müller ist also keine Kultur?!«

»Heiner Müller?«

Weiß der Himmel, wen oder was Carola mit Heiner Müller verbindet, sie schaut jedenfalls so abschätzig, daß selbst mir Heiner Müller plötzlich suspekt wird.

Heiner Müller – war denn das überhaupt ein Name für einen Dramatiker? Taugte der nicht allenfalls für einen Boxer oder Radfahrer, während Kulturschaffende ein Anrecht auf erlesenere Namen hatten, auf volltönende wie Tankred Dorst, Einar Schleef oder Ingomar von Kieseritzky?

All diese Überlegungen sind natürlich Unfug, doch seltsamerweise löst Carolas Halsstarrigkeit bei den anderen einen ähnlichen Effekt aus. Anstatt daß jemand auf Heiner Müller beharrt, beeilt sich jeder aus der Runde, Carola weitere Vorschläge und Beweise für die Kulturwürdigkeit der DDR zu unterbreiten, Namen, die sie selbstredend ebenfalls verwirft – »Christa Wolf?! Die kann doch überhaupt kein Deutsch!« –, worauf die Namenlisten nur noch länger werden, die Einwände und Beweise nur noch dichter auf Carola herabprasseln. Und die genießt das.

Wie auch nicht? Wer stände nicht gerne im Mittelpunkt? Wer sähe sich nicht gerne von Psychologen, Soziologen, Politologen und Kommunikationsfachleuten umbuhlt – und das alles sind Ulla, Werner, Karin und Manfred –, wer gäbe diese so vorteilhafte Rolle um das Linsengericht platter Zugänglichkeit für rationale Argumente her? Nun wird sich die Runde bis zum Morgengrauen die Zähne an Carola ausbeißen können, ohne doch jemals das bei ihr vermutete falsche Bewußtsein zu fassen oder gar zu knacken, einfach deswegen, weil Begriffe wie

›richtig‹ und ›falsch‹ auf dieses postideologische Wesen gar nicht anwendbar sind, das lediglich auf möglichst viel Widerspruch und Wirbel aus ist, und das, wie gesagt, bei kleinstmöglichem Aufwand.

Aber noch hat Carola nicht alle in der Tasche. Noch wechseln Ingrid und ich verschwörerisch-ironische Blicke, die eine deutliche Sprache reden: Nicht mit uns, Verehrteste! Noch kontert Ingrid geschickt, indem sie fragt, ob jetzt ein Stück vom Geburtstagskuchen recht sei, einer prächtigen Torte, die sie gebacken hat und die von mir mit der passenden Kerzenzahl geschmückt worden ist. Die Frage wird bejaht, auf einem Teewagen rolle ich die entflammte Pracht ins Zimmer, Beifall wird laut, der sich steigert, als Ingrid die Köstlichkeit verteilt, alle Aufregung legt sich. Schon beginne ich wieder an ein gutes Ende der Unternehmung zu glauben, da begeht Ingrid jenen Fehler, der schon deshalb verhängnisvoll nicht genannt werden darf, da er bereits das Verhängnis ist. Sie fragt: »Schmeckt's?«

»Verlangst du eine Antwort?« will Carola wissen.

»Nein, natürlich nicht«, stammelt Ingrid unbedacht.

»Und warum fragst du dann?« fragt Carola und legt den Löffel beiseite.

Jetzt kommt's, spüre ich, und da kommt es auch schon.

»Weißt du«, sagt Carola, »ich habe schon länger das Gefühl, daß Worte ab einem bestimmten Alter nicht mehr allzuviel bedeuten.«

»Ab welchem Alter?« Ingrid schreit es fast.

Carola macht eine unbestimmte Handbewegung, die sich ebensogut auf die Mitglieder der Runde beziehen kann wie auf die im Mittelteil der Torte immer noch brennenden vierzig Kerzen. Die Mitglieder der Runde schrecken auf, doch Ingrid kommt ihnen zuvor: »Du willst doch nicht im Ernst behaupten, daß Worte ab vierzig nichts mehr bedeuten?«

Da alle Mitglieder der Runde über vierzig sind, bohren sich sechs Augenpaare in Carola, die ungerührt entgegnet: »Ich sagte zwar ›nicht mehr allzuviel‹, doch wenn du ›nichts‹ verstanden hast – auch gut. Mag ja sein, daß du recht hast.«

»Womit?«

»Damit, daß euch hier Worte nichts mehr bedeuten. Nicht, daß ich euch deswegen Vorwürfe mache. Wahrscheinlich würde ich in eurem Alter genauso argumentieren.«

»Was heißt hier ›eurem‹?« fragt Werner und beugt sich vor.

»Was meint hier ›Alter‹?« fragt Ulla.

»Was verstehst du unter ›genauso‹?« fragt Karin.

»Und was unter ›argumentieren‹?« fragt Manfred.

»Was soll denn das Ganze überhaupt?« Nun schreit Ingrid bereits ohne Hemmungen, doch noch ist da einer, dessen Sinne nicht verwirrt sind, noch unternehme ich einen letzten, nun schon ganz verzweifelten Rettungsversuch: »Wir wollten unseren Gästen doch heute abend eine Scharade vorführen, nicht wahr Ingrid? Welches berühmte Liebespaar stellen wir dar? Ingrid mach doch mal mit!« Und zu diesen Worten hämmere ich mit der rechten Faust rhythmisch auf den Tisch.

Flüchtig streift mich Ingrids erloschener Blick, starr, ohne Neugierde schauen die anderen kurz zu mir herüber, dann hängen die sonst so klugen Augen dieser normalerweise so gescheiten Menschen wieder wie gebannt an Carolas fast schmollend geschürzten Lippen. Doch die öffnen sich nicht. Belächeln statt dessen mein hilfloses Gehämmer. Warum haue ich überhaupt die ganze Zeit auf den Tisch? Ach ja, richtig! Die Scharade!

»Also! Welches berühmte Liebespaar – Ingrid, komm! Wie sollen denn unsere Gäste rauskriegen, wer wir sind, wenn du nicht mitmachst?«

Doch diesmal schaut niemand mehr zu mir her, statt dessen wendet sich Ingrid ein zweites Mal an Carola, dieses Mal gefaßter: »Carola, nun verrate uns doch mal bitte, wieso der, der die vierzig überschritten hat, zwangsläufig verlogen argumentieren muß!«

Da weiß Carola, daß sie gewonnenes Spiel hat. Zu gierig haben alle nach dem Alters-Köder geschnappt, als daß sie sich jetzt noch von dem letztlich selbstgeschmiedeten Widerhaken befreien könnten. Selbstgeschmiedet – denn waren nicht sie selber einst mit dem Kampfruf »Trau keinem über dreißig« angetreten? Waren nicht sie selber sodann erst dreißig und dann vierzig geworden, ohne daraus irgendwelche Konsequenzen zu ziehen? Weder hatten sie sich beim Eintritt in das vierte Jahrzehnt eine Kugel in den Kopf geschossen noch dem einstigen Irrglauben spätestens beim Beginn des fünften Jahrzehnts öffentlich abgeschworen, statt dessen liefen sie, zumindest in ihrer Freizeit, immer noch so rum wie vor zwanzig Jahren, versicherten sie einander bei jeder Gelegenheit, wie gut sie sich gehalten hätten. Leute, die ihr eigenes Altern ebenso verleugneten, wie sie insgeheim immer noch davon überzeugt waren, nur der junge Mund rede wahr, da nur er das ganz und gar unbedingte, gar keinen kurzfristigen Zwecken sich unterordnende Wort auszusprechen in der Lage sei – solche Leute waren einer Carola natürlich wehrlos ausgeliefert, sobald diese schamlos die simpelste aller Waffen ins Feld führte, die Tatsache, daß sie noch zu den Zwanzigjährigen gehörte.

Dagegen war kein Gehämmer gewachsen, schon wollte ich es resigniert einstellen, als mir auf einmal Aufmerksamkeit von unerwarteter Seite zuteil wurde: »Welches Liebespaar stellt ihr denn nun dar?« fragte Carola.

»Vielleicht kriege ich mal eine Antwort auf meine Frage!« verlangte Ingrid. »Laß doch bitte das Gekloppe, Norbert!« fügte sie unwirsch hinzu.

»Heiß!« rief ich.

»Norbert – ich will hier nicht als Spielverderber auftreten«, sagte Manfred, »aber auch ich habe einige Fragen an Carola. Wenn du daher dein Kloppen –«

»Heißer!« rief ich verzweifelt. »Ich bin was mit Kloppen, und Ingrid ... Ingrid, mach doch mal den Naduweißtschon, den, den du bei den Bolzens machen mußtest!«

»Bei Bolzens?« Einen Moment lang arbeitete es in Ingrid, dann brach es aus ihr heraus: »Du meinst doch nicht etwa die Bolzens mit ihren dämlichen Scharaden?!« Sogleich freilich wandte sie sich wieder Carola zu. »Na?«

»Paß mal auf, Carola«, geht Ulla behutsam dazwischen, »bist du von deinen Eltern eigentlich jemals total angenommen worden?«

»Aber das ist doch genau die Art von Diskurs, den Carola ablehnt«, wirft Manfred ein. »Übrigens völlig zu

Recht, Carola. Ein Diskurs, der sich lediglich auf abgehobene Begriffe stützt –«

»Aber das ist doch genau die Art von Diskurs, den Carola hier selber eingebracht hat!« hält Ulla dagegen. »Wer wie sie bestimmten Altersgruppen die Fähigkeit zur Erkenntnis abspricht, der muß da doch Defizite erlebt haben, die –«

»Aber jetzt redest du doch selber abgehoben wie nur was!« schreit Manfred. »Carola hat hier nicht von irgendwelchen bestimmten, sondern von einer zeitlich genau abgegrenzten Altersgruppe gesprochen, von den, Ingrid möge mir das noch ungewohnte, vielleicht etwas harte Wort verzeihen, von den Vierzigjährigen. Und die sind nun mal – ich nehme mich da gar nicht aus –«

»Sehr lieb von euch, mich dauernd darauf zu stoßen, daß ich ab heute auch zu diesem Schrott gehöre«, wimmert Ingrid. »Da weiß man wenigstens, wofür man den ganzen Nachmittag gekocht hat!«

»Also wenn du mir jetzt Schuldgefühle machen willst, bloß weil ich –« hebt Manfred an.

»Paß auf, Ingrid«, schaltet sich Werner ein. »Wenn ich Carola richtig verstanden habe, dann galt ihr Verdacht der reduzierten Erkenntnisfähigkeit doch weniger einer faktischen Altersklasse als vielmehr den sozialen Konkretisierungen, die ab einem bestimmten Alter zwangsläufig, also quasi faktisch –«

»Aber das hat Carola doch nie gesagt!« meldet sich Karin zu Wort. »Sie sagte vielmehr –«

»Ja, seht ihr denn gar nicht«, ruft Ulla dazwischen, »daß ihr dabei seid, mit Carola genau das zu machen, was ihr die Erwachsenenwelt bereits als Kind angetan hat, nämlich sie ihrer Sprache zu berauben, weshalb sie uns etwas Älteren auch heute noch –«

»Was gibt es denn bei der an Sprache zu rauben?!« will Ingrid wissen. »Hat die denn heute abend auch nur einen graden Satz formuliert?«

»Das sehe ich anders. Carola ist –«

»Entschuldige, laß mich mal reden! Ja? Also: Carola hat –«

»Also, wenn du mich fragst, dann hat Carola weder, noch ist sie jemals, dafür kann sie, vielleicht als einzige hier –«

»Du willst doch nicht behaupten, daß Carola –«

Nun reden alle durcheinander, lediglich zwei in der aufgeregten Runde schweigen: Stolz lächelnd sie, die Siegerin; mit gesenktem Haupt ich, der Verlierer.

»Kloppen war heiß?« fragt sie mich beiläufig, während rund um uns die Mutmaßungen über Carola ins Kraut schießen. Die laufen ihr nicht mehr weg, so viel ist sicher, und bei so viel Sicherheit kann sie sich dem Verlierer gegenüber jegliche Milde erlauben. Oder ist es lediglich jene Nachsicht, die die Katze der in auswegloser Lage befindlichen Maus gewährt?

»Was war denn das für ein Liebespaar, Norbert?«

»Carola, ich habe dich was gefragt!« fährt Ulla dazwischen.

»Was denn?«

Und so komme ich nicht einmal dazu, meine ganze Schande einzugestehen, mein völliges Mißlingen, dem ich auch noch freiwillig die i-Tüpfelchen aufgesetzt hatte. Nie nämlich hätte ich von meiner eigenen Frau, und das auch noch an ihrem vierzigsten Geburtstag, verlangen dürfen, sie möge nochmals jene Figur verkörpern, die bereits bei den Bolzens niemand erraten hatte, da ich selber doch nicht einmal dazu in der Lage war, einen halbwegs erkennbaren Cloppenburg darzustellen. Ja, Cloppenburg. Denn so hieß doch unser vermaledeites Liebespaar: Peek und Cloppenburg.

Jedes Jahr im Herbst, da spielen wir es wieder, jenes schreckliche Spiel:

Mein Buch, dein Buch

Eigentlich habe ich nichts gegen das Schreiben. Einige der bedeutendsten Dichter haben – und ich wäre der letzte, der das leugnet – geschrieben. Shakespeare beispielsweise oder – warum nicht – Flaubert oder, natürlich, Goethe. Alles Männer, die ich schätze, verehre, ja liebe. Vor allem deswegen, weil mir keiner von ihnen jemals mit beiläufig bohrendem Blick zu verstehen gegeben hat: »Bist du eigentlich schon dazu gekommen, mein letztes Buch zu lesen?«

Wie anders in unseren Kreisen. Da schreibt nicht nur jeder, da erwartet auch jeder von uns, von jedem von uns gelesen zu werden. Um dieses Ziel zu erreichen, ist jedem jedes Mittel recht, und so stapeln sich jeden Herbst bei jedem von uns die handschriftlich dedizierten Neuerscheinungen der anderen – was tun? Sie lesen? Dann käme man ja nicht mehr zum Schreiben. Also läßt jeder von uns den Bücherstapel auf sich beruhen und beschränkt sich darauf, während der ersten Zusammentreffen – im Rahmen der Buchmesse etwa – dem anderen zu versichern, er, der Versichernde, könne noch nichts über dessen neues Buch sagen, freue sich jedoch schon darauf, gerade dieses Werk so bald wie möglich und vor allem in größtmöglicher Ruhe zu studieren – eine Versicherung, in die der andere meist verdächtig erleichtert miteinstimmt: Ja! Genau so verhalte es sich mit dem Buch seines Gegenübers, für dessen Übersendung er übrigens herzlich danke. »Ganz meinerseits – wir hören also voneinander!« – »Aber klar!«

Einen Monat lang höre und sehe ich nichts von ihm, ein zweiter Monat vergeht, ohne daß sich unsere Wege kreuzen, da, der dritte Monat ist kaum verflossen, sitzt er unübersehbar an einem fast leeren Tisch im »Cannelloni-Karl«. Flucht wäre zwecklos. Angriff ist die beste Verteidigung, furchtlos lasse ich mich ihm gegenüber auf den Stuhl fallen.

»Na?«

»Na ja«, erwidert er. »Kalt heute, wie?«

Aha! Diese Schiene also! Na gut, reden wir über das Wetter. Hätte er mein Buch gelesen, müßte er zwar nicht zu derart fadenscheinigen Ersatzthemen Zuflucht suchen, aber was soll's. Ich habe sein Buch schließlich auch nicht gelesen, also sind wir quitt. Keine Zweideutigkeiten, keine Peinlichkeiten, halten wir uns an meteorologische Eindeutigkeiten: »Ja, ziemlich kalt, und das mitten im Winter!«

»Tja...«

Erstmals fällt mir seine niedrige Stirn auf. Bisher hatte ich sie immer als mutwillig vorgezogenen Haaransatz interpretiert, doch jetzt, im grellen Licht der Wirtshauslampen, ist kein Zweifel möglich – die Stirn ist einfach nicht höher. Und wie tief die Schweinsäuglein im wulstigen Schädel liegen. Sieht der überhaupt etwas? Kann der überhaupt erkennen, wer da vor ihm sitzt, der Autor von »Glück Glanz Ruhm« nämlich?

»Norbert...«

Na ja – grobe Umrisse scheint er noch wahrnehmen zu können. Ich heiße Norbert, und er nennt mich Norbert. Also hat er eine Antwort verdient.

»Ja?«

»Ich habe übrigens dein Buch gelesen...«

Ach – hat er das? Erstaunlich, wie er während dieser Worte seinen Haaransatz zurückweichen läßt. Warum muß er den aber auch immer so tief ins Gesicht furchen? Ein oberflächlicher Betrachter könnte aus dieser Marotte auf eine niedrige Stirn schließen, während sie doch –

»Ja. Und ich hatte bereits während der ersten Seiten ein gutes Gefühl...«

Mißtrauisch mustere ich seine Züge. Doch in seinem offenen, ja strahlenden Gesicht ist kein Falsch.

»Ach ja?«

»Ja, durchaus. Ich halte es ehrlich gesagt für dein bestes.«

Es ist mein bestes, kein Zweifel. Nie habe ich inspirierter geschrieben, nie die Inspiration unnachsichtiger der Kontrolle rigorosesten Kunstverstands unterworfen. Das Ergebnis konnte nichts anderes als ein großer Wurf werden, doch es ist eine Sache, das selber zu wissen, und eine andere, es von einem hochgebildeten Leser, einem Kollegen der schreibenden Zunft gar, bestätigt zu bekommen. Wie hieß noch mal dessen letztes Buch?

»Deine früheren Bücher, Norbert, waren auch nicht schlecht...«

Nein, das waren sie bei Gott nicht. Sie waren gut, sehr gut sogar, aber –

»...aber ich finde, du bist weitergekommen. Dein neues Buch ist – laß es mich so sagen – komplexer.«

Ich lasse ihn. Warum soll er das nicht sagen dürfen? Er ist schließlich ein freier Mann in einem freien Land, der von seinem Recht auf freie Meinungsäußerung Gebrauch macht. Von mir aus könnte er stundenlang so weiterreden, so frei, so sachlich, so kundig. Doch plötzlich schweigt er. Sein offener Blick begegnet meinem. Etwas Hilfloses glaube ich in ihm zu entdecken, etwas Hilfeheischendes fast. Fehlen ihm etwa die Worte? Erwartet er von mir, daß ich ihm bei der Suche helfe? Nun rede ich offen gestanden nicht gern über meine Bücher, doch in diesem Fall mußte es wohl sein.

»Tja«, sage ich zögernd, »also, was das letzte Buch betrifft...«

»Ja? Hast du es gelesen?«

Wie denn nicht? Ich habe es schließlich geschrieben. »Ja natürlich«, sage ich etwas verwirrt.

»Und?« fragt er, sich vorbeugend. »Wie fandest du es?«

O Gott, er meint sein Buch. Wie finde ich denn sein Buch? Ich weiß ja nicht einmal, wie es heißt.

»Nun ja«, beginne ich vorsichtig, »du hast zweifellos viel riskiert...«

Ein guter Anfang. Daran hat er erst mal zu knabbern. Forschend, aus etwas verengten Augen schaut er mich an, während ich fieberhaft nach Anhaltspunkten suche. Arbeitete er nicht seit Jahren an einer Trilogie? Waren nicht bereits zwei Bände erschienen? Ging es da nicht um den Nachtportier eines großen Frankfurter Hotels, der langsam durchdrehte? Und hatte nicht die Kritik an den ersten beiden Folgen vor allem gelobt, daß da endlich einmal Arbeitswelt thematisiert werde, Selbstentfremdung, Anonymität der Massengesellschaft, all der Scheiß? Wenn mir nur noch einfiele, wie die Hauptfigur heißt!

»Mein erster Eindruck war, da sitzt jeder Satz«, sage ich aufs Geratewohl. Er lehnt sich zurück, doch seine Augen bleiben prüfend auf mich gerichtet. Na gut. Er hat mein Buch gelesen, also habe ich auch sein Buch gelesen.

»Gegen Ende wird es sehr stark. Obwohl die Mitte fast noch eindringlicher ist. Und erst der Anfang!« rede ich weiter, da er immer noch kein Wort sagt. Erwartet er etwa Details?

»Fandest du nicht, daß die Ägypter etwas zu schlecht weggekommen sind?« fragt er fast ängstlich.

Die Ägypter? Welche Ägypter denn? Wahrscheinlich irgendwelche Hotelgäste.

»Nein, nein«, versichere ich. »Ich fand die Ägypter sehr genau getroffen. Keine Spur überzeichnet. Man sieht sie direkt vor sich.«

»Aber was ich über die Fellachen sage...«

»Völlig nachvollziehbar. Ich meine...«

Fellachen? Ägyptische Bauern im Frankfurter Nobelhotel? Gäste der Landwirtschaftsmesse? Oder Angehörige einer Bauchtanzgruppe? Auf jeden Fall ein Problem für einen nervenschwachen Nachtportier. Wie hieß der Typ denn noch mal?

»Ich meine...«

Kernbeißer? Kernmeyer? Steinbrenner?

»Ich meine, da wäre jeder andere auch durchgedreht, nicht nur dieser, dieser...«

»Durchgedreht? Wer denn?«

»Na dieser...«

Wie komme denn ich dazu, ihm zu erzählen, wer in seinem Roman durchdreht? Wenn jemand das weiß, dann doch er, er hat ihn schließlich geschrieben.

»Na, du weißt schon...« sage ich tastend, »der... der Dingens. Immer dieser Streß, und dann die Ägypter und diese ganzen anderen Fellachen, die mitten in der Nacht noch... also das mit dem Bauchtanz, das mußte ja dann dem... dem...«

Wie klein seine Augen plötzlich wieder wirken. Fast finster. Warum komme ich denn nicht auf den Namen?! Staubbeutel? Strapshalter? Schwanthaler? Schwanthaler! Na endlich!

»Das mußte doch dem Schwanthaler den Rest geben. Sehr gut nachzuvollziehen. Ich meine, wer das nicht nachvollziehen kann, der sollte in Fragen anspruchsvoller Literatur in Zukunft bitteschön den Mund halten. Das Nachvollziehbarste, was du je geschrieben hast. Ehrlich!« Mein Gegenüber nippt geistesabwesend am Apfelwein.

»Findest du?« fragt er schließlich.

Habe ich irgendwas falsch gemacht? Egal. Jetzt muß ich da durch.

»Ja, finde ich. Du kennst mich ja – ich bin nicht der Typ, der jeden Text ohne weiteres nachzuvollziehen bereit ist. Doch die Art und Weise, wie du es den Scheichen gegeben hast – das mußte auch ich nachvollziehen, ob ich wollte oder nicht. Hundertprozentig.«

Bin ich zu weit gegangen? Nein, alles in Ordnung. Mein

Gegenüber lächelt. Ein bösartiger Beobachter könnte es auch ein Grinsen nennen.

»Das bringt mich übrigens noch mal auf dein Buch«, sagt er.

Na endlich! Rede weiter, du redest gut!

»Bei deinem Text fiel es mir offen gestanden schwer, die Personen nachzuvollziehen –«

Welche Personen denn? Mein Buch enthält ausschließlich Essays zur Kunst.

»Bis auf den Briefträger natürlich. Wie der den Hund ins Bein beißt, weil der sich weigert, die Empfangsbestätigung für den Einschreibebrief zu unterzeichnen, in welchem ihm mitgeteilt wird, er habe sich bei Ausbruch des Dritten Weltkriegs unverzüglich als Minensuchhund beim Kreiswehrersatzamt Köln-Kalk zu melden, andernfalls er mit seiner standrechtlichen Ersäufung im Lehrtrinkbekken des Alkoholikerheims ›Stramme Fahne‹ zu rechnen habe, und wie dann das Herrchen des Hundes, also du, sein Taschenmesser entsichert und sich mit dem Ruf ›Kirschwasser für Canitoga!‹ auf den entmenschten Briefträger stürzt, das ist derart nachvollziehbar, daß –«

Das war der Moment, an welchem auch ich mich auf mein affenartiges Gegenüber stürzen wollte und daran einzig durch den Umstand gehindert wurde, daß er viel größer und böser war als ich.

Anderntags angestellte Erkundungen ergaben übrigens, daß es sich bei dem Buch meines Gesprächspartners allem Anschein nach um die Beschreibung einer Ägyptenreise handelte, welche er mit Unterstützung des Goethe-Instituts hatte unternehmen können.

Wieso dieses Institut, immerhin Träger eines nicht ganz unbekannten Namens, es gewagt hatte, einem uralten Kulturvolk wie den Ägyptern auf Kosten der kleinen Sparer einen derartigen Vertreter des angeblich geistigen Deutschlands vorzusetzen, dürfte wohl auch dem gutwillig mit der Materie Befaßten nur schwer nachvollziehbar sein.

Ich finde, jemand sollte mal etwas darüber schreiben.

Als Kurt Tucholsky seine glänzende Satire »Ein Ehepaar erzählt einen Witz« schrieb, konnte er noch nicht ahnen, welch finstere Folgen sie gut fünfzig Jahre später haben sollte:

Ein Ehepaar erzählt »Ein Ehepaar erzählt einen Witz«

»Ach was, Norbert«, sagte Ingrid, »das war doch alles ganz anders! Der Thomas hat damals in Rom zuerst vino russo bestellt und erst als es den nicht gab, vino cinese.«

»Quatsch«, korrigiere ich sie, »das mit dem vino cinese hat der Ober gesagt. Weil der Thomas sich doch versprochen und statt vino rosso, also Rotwein, vino russo, also russischer Wein, bestellt hatte. Und da hat der Ober gesagt, auf italienisch natürlich: Vino russo gibt es nicht –«

»Hab ich doch gesagt! Und weil es den nicht gab, hat der Thomas gesagt –«

»Hat der Ober gesagt: Wie wäre es mit vino cinese, also mit chinesischem Wein.«

»Aber der Witz war doch gerade, daß der Thomas gesagt hat –«

»Vino russo. Ja. Aber das war ein unfreiwilliger Witz gewesen.«

»Eben hast du aber noch gesagt: Das war ein Versprecher.«

»Es war ein Versprecher *und* ein Witz.«

»Ich denke, der Witz war ›vino cinese‹?«

»War er ja auch. Aber das war der Zweitwitz.«

»Erstwitz – Zweitwitz! Wir sind doch hier nicht beim Einwohnerwitzeamt! Wir –«

Gerade wollte ich Ingrid energisch in die Parade fahren, als ihr Zwinkern und ein beschwörender Fingerzeig auf unsere jungen Gäste mir signalisierten, daß alles nur Spaß war, und dann lachten wir beide und sagten wie so oft schon fast gleichzeitig: »Nicht wahr? Das ist jetzt wie bei Kurt Tucholskys ›Ein Ehepaar erzählt einen Witz‹!« – ein vertrauter, selbstironischer Hinweis, den Zuhörer in unseren Kreisen stets mit jenem schmunzelnd-eingeweihten »Genau!« zu quittieren pflegen, das es dem jeweils erzählenden Ehepaar erlaubt, die im Dreck steckengebliebene Witzkarre ohne Gesichtsverlust im Stich zu lassen und sich auf tragfähigeres Terrain zu retten. Doch nicht so diesmal.

»Wie soll das jetzt sein?« fragte Svende.

»Wie bei Kurt Tucholsky.«

»Ist der nicht schon lange tot?« fragte Uwe.

»Ja, natürlich.«

»Und wieso ist das jetzt hier bei euch wie bei ihm?«

»Na, nicht wie bei ihm zu Hause! Wie in seiner berühmten Geschichte ›Ein Ehepaar erzählt einen Witz‹.«

Svende und Uwe blickten uns fragend an, und da erst begriffen Ingrid und ich fast gleichzeitig, daß Tucholskys uns so ans Herz gewachsenes Prosastück unseren jungen Nachbarn offensichtlich unbekannt war. Gerade wollte ich taktvoll das Thema wechseln, als Svende, sich vorbeugend, fragte: »Was für ein Ehepaar denn?«

»Irgendein ausgedachtes. Er hieß, glaube ich, Walter, und sie hieß –«

»Werner«, unterbrach mich Ingrid.

»Seit wann heißen denn Frauen Werner?«

»Sehr witzig. Der Mann hieß Werner. Und sie hieß Trude.«

»Überhaupt nicht witzig. Und er hieß auch nicht Werner.«

»Sondern?«

»Walter natürlich!«

Für einen Moment schwiegen wir alle.

»Will noch jemand einen Fruchtriegel?« fragte ich verbindlich und hätte, wer weiß, das Steuer doch noch herumreißen können, wenn Uwe nicht unbedacht gefragt hätte: »Und? Wie ging denn der Witz nun?«

»Der ging gar nicht!« platzte Ingrid heraus. »Daß der Witz nie erzählt wurde, war ja der Witz von der Geschichte.«

»War er überhaupt nicht«, wandte ich sachlich ein. »Der Witz von der Geschichte besteht doch gerade in der Geschichte vom Witz. Und der Witz ging so, daß da ein Ehepaar war –«

»In der Geschichte. Ja.«

»Nein, auch im Witz. Dieses Bergbauernpaar, er ist alt, sie ist jung und hübsch. Und die liegen gerade im Bett, als es plötzlich klopft. Nein, die liegen noch nicht im Bett. Erst –«

»Norbert kann keine Witze erzählen. Laß mich mal. Also: Ein junger Mann wandert durch die Dolomiten und verirrt sich –«

»Ich wollte doch überhaupt keinen Witz erzählen! Ich wollte Svende und Uwe lediglich einige Basisinformationen geben, damit sie sich eine ungefähre Vorstellung von Tucholskys Geschichte machen können.«

»Nun behaupte bloß noch, daß das eine Basisinformation ist, wenn jemand nicht im Bett liegt.«

»Das kann sehr wohl eine Basisinformation sein.«

»Ach was!«

»Aber ja. Das ist geradezu die Voraussetzung der meisten Geschichten.«

»Was?«

»Daß jemand nicht im Bett liegt. Nimm nur die Odyssee. Wenn Odysseus nicht aufgestanden und nach Troja gefahren wäre, dann –«

»Aber das ist doch ganz normal, wenn Leute am Morgen aufstehen! Das kannst du doch nicht zur Basisinformation hochstilisieren!«

»Na – so normal ist das nun auch wieder nicht. Wenn ich an den Terror denke, den du jeden Morgen veranstaltest, bevor du dich bequemst, aus dem Bett –«

Ein Geräusch ließ mich innehalten, ein klagendes Doppelgähnen, fast schon ein Aufschrei.

»Ihr habt ja so recht!« rief ich unseren jungen Gästen verständnisvoll zu. »Ingrid kann ganz einfach keine Geschichten erzählen! Nein, das kannst du nicht, Ingrid! Wenn du es könntest, hätten Svende und Uwe nämlich schon längst begriffen, worum es geht. Habt ihr begriffen, worum es geht? Na also!«

Mattigkeit, ja Stumpfheit schien die Blicke der jungen Menschen zu verschleiern, um so mitreißender redete ich weiter.

»Also, paßt auf! In Tucholskys ›Ein Ehepaar erzählt

einen Witz‹, dieser herrlichen Satire auf nicht nur die Erzählgewohnheiten von Ehepaaren, sondern auf Auswüchse des Paarverhaltens überhaupt, da also erzählt ein Ehepaar einen –«

»Eben nicht.«

»Natürlich!«

»Überhaupt nicht!«

»Du weißt doch gar nicht, was ich sagen wollte!«

»Du wolltest ›Witz‹ sagen.«

»Ja und?«

»Und das ist falsch. Das Ehepaar in ›Ein Ehepaar erzählt einen Witz‹ erzählt nämlich keinen Witz. Es versucht das lediglich, aber da sie einander dauernd unterbrechen, kommen sie nie über den Anfang hinaus.«

»Also, erstens habe ich nie etwas anderes behauptet –«

»Hast du wohl. Unter Witz stellt man sich nämlich einen ganzen Witz vor, inklusive Pointe.«

»Du vielleicht. Und zweitens kommt dieses Ehepaar da, der Walter und die Traudel –«

»Trude immer noch!«

» – sehr wohl über den Anfang des Witzes hinaus. Der Walter war ja schon beim Wanderer angelangt, der zwischen dem alten Bauern und der jungen Bäuerin im Bett lag, und der alte Bauer war auch schon einmal aufgestanden, um nach den Ziegen zu schauen, ne, schon dreimal, und die Bäuerin hatte den Wanderer auch schon gestupst, und wenn die Traudel nicht dauernd dazwischengeredet hätte, wäre Walter mit dem Witz sicher –«

»Also jetzt machst du mir Spaß! Echt! Erstens heißt die Frau Trude und nicht Traudel –«

»Ist doch egal!«

»Ach ja. Aber der richtige Name des Mannes war dir vorhin überhaupt nicht egal. Da mußtest du mich sofort korrigieren, als ich den Werner –«

»Den Walter immer noch!«

»Siehst du? Siehst du? Und jetzt willst du Svende und Uwe –« bei der Nennung ihres Namens schreckten die beiden auf, sanken aber rasch wieder in sich zusammen – »auch noch weismachen, daß es Trudes Schuld war, wenn Walter den Witz nicht zu Ende –«

»War's ja auch! Weil sie den Walter ständig –«

»Also komm! Das ist ja jetzt nun der Gipfel der Feigheit!«

»Was denn?«

»Deine frauenfeindlichen Aggressionen nicht offen zu äußern, sondern sie Tucholsky zu unterstellen. Ausgerechnet ihm, diesem Aufklärer, diesem...«

»Sag jetzt bloß: Feministen!«

»Sag ich auch! Feministen!«

»Ha! Der nun wieder! Bekanntlich der größte Stecher zwischen Montmartre und Kreuzberg!«

»Quatsch!«

»Gar nicht Quatsch!«

»Wohl Quatsch!«

Ein Blick auf unsere jungen Gäste, die gerade dabei waren, langsam unter den Glastisch zu rutschen, ließ es mir geraten erscheinen, die Tucholsky-Diskussion vom Emotionalen weg auf eine stärker rational strukturierte Ebene zu verlagern: »Also komm, Ingrid! Steh doch endlich mal zu deinem Unwissen und gib zu, daß du überhaupt keine Ahnung von Tucholsky hast.« – »Aber du hast sie, ja?« – »Ja klar. Einer muß sie ja haben. Und da du sie nicht hast –« – »Und wer kann sich nicht mal den einfachsten Namen von Tucholskys Helden merken?« – »Du!« – »Du! Du hast Trude mit Traudel verwechselt!« – »Und du Walter mit Werner!« – »Walter! Werner! Mit all diesen Spitzfindigkeiten willst du doch nur von der Tatsache ablenken, daß du überhaupt nicht mehr weißt, wie die Geschichte überhaupt geht!« – »Ich? Ha! Natürlich weiß ich das! Welche Geschichte denn?«

Für einen Augenblick wußte Ingrid keine Antwort, und da hörten wir es, jenes traumverlorene, stetige Ein- und Ausatmen, das den Schlaf junger Menschen für den etwas älteren Betrachter zu einem ebenso belächelten wie beneideten Schauspiel macht.

»War wahrscheinlich ein bißchen zu komplex, die Materie«, sagte ich nachdenklich. »Vielleicht auch intellektuell etwas zu fordernd. In solch einem Fall machen sie ja schnell schlapp, die jungen Leute von heute. Hört man jedenfalls immer wieder. Und wir sehn's ja jetzt auch. Keine Konzentration und keine Kondition. Wenn ich da an uns denke! Wie wir 68 die Nächte durchdiskutiert haben! Was, Ingrid?«

»Und ob, Norbert!«

»Wir lassen die beiden erst mal schlafen, oder? Morgen können wir ihnen ja immer noch weitererzählen, wie die Geschichte bei Tucholsky nun wirklich geht.«

»Seh ich auch so.« Sie breitete eine Decke über die Schlummernden. »Du, alles klar!«

Ich wartete, bis Ingrid an der Tür war, dann löschte ich das Licht.

»Paß auf! Bei Tucholsky ging die Geschichte nämlich so«, begann ich, als wir auf den Flur traten.

»Von wegen!« gab sie zurück, und da spürte ich beglückt, daß er immer noch lebte: Der Geist von 68.

Robert Gernhardt
Gesammelte Gedichte
1954–2004
1072 Seiten. Gebunden

Über fünfzig Jahre lang hat Robert Gernhardt gedichtet. 1954 begann der Gymnasiast im Ton von Trakl und Benn zu reimen, heute gilt Robert Gernhardt, der im Juni 2006 verstarb, als einer der bedeutendsten Lyriker deutscher Sprache. Seine Meisterschaft: der elegante Balanceakt zwischen Leichtem und Schwerem, zwischen der Komik des Lebens und dem bitteren Ernst menschlichen Strebens. Er war ein Virtuose, dessen Reim auf unsere Zeit die Gegenwart aufs Genaueste widerspiegelt.

»Robert Gernhardt macht eigentlich nicht Lyrik,
sondern schieres Glück«
Eva Menasse, Frankfurter Allgemeine Zeitung

S. Fischer

Robert Gernhardt
Gesammelte Werke

Berliner Zehner
Hauptstadtgedichte
Band 15850

Die Blusen des Böhmen
Geschichten, Bilder,
Geschichten in Bildern
und Bilder aus
der Geschichte
Band 13228

Es gibt kein richtiges
Leben im valschen
Humoresken aus
unseren Kreisen
Band 12984

Die Falle
Eine Weihnachtsgeschichte
Band 15768

Glück Glanz Ruhm
Erzählung Betrachtung
Bericht
Band 13399

Herz in Not
Tagebuch eines
Eingriffs in einhundert
Eintragungen
Band 16072

Ich Ich Ich
Roman
Band 16073

Im Glück und
anderswo
Gedichte
Band 15751

In Zungen reden
Stimmenimitationen
von Gott bis Jandl
Band 14759

Kippfigur
Erzählungen
Band 16511

Fischer Taschenbuch Verlag

fi 555 034 / 2 / a

Robert Gernhardt
Gesammelte Werke

Klappaltar
Drei Hommagen
Band 16906

Körper in Cafés
Gedichte
Band 13398

Der letzte Zeichner
Aufsätze zu Kunst
und Karikatur
Band 14987

Lichte Gedichte
Band 14108

Lug und Trug
Drei exemplarische
Erzählungen
Band 16074

Ostergeschichte
Band 16071

Über alles
Ein Lese- und
Bilderbuch
Band 12985

**Was deine Katze
wirklich denkt**
Band 16654

Wege zum Ruhm
13 Hilfestellungen
für junge Künstler
und 1 Warnung
Band 13400

Weiche Ziele
Gedichte 1984–1994
Band 12986

Wörtersee
Gedichte
Band 13226

Fischer Taschenbuch Verlag

Robert Gernhardt
Vom Guten, Schönen, Baren
Die schönsten Bildergeschichten und Bildgedichte
Band 17499

Robert Gernhardt präsentiert einen prallen, höchst vergnüglichen und doch zuweilen bitterbösen Band über die alltäglichen Absurditäten des Lebens. »Vom Schönen, Guten, Baren« versammelt die schönsten Bildergeschichten und Bildgedichte aus Gernhardts Gesamtwerk. Ein beeindruckendes Opus magnum des Zeichners und Satirikers Robert Gernhardt.

Fischer Taschenbuch Verlag

Robert Gernhardt
Später Spagat
Gedichte
Band 17570

»Am Tag vor seinem Tod hat Gernhardt die Arbeit an diesem Band abgeschlossen, und damit sein Lebenswerk vollendet. Es sind sicher die schönsten Gedichte, die er je geschrieben hat. ›Später Spagat‹ meint den Sprung vom ›Standbein‹, das ihm wegbricht, aufs ›Spielbein‹, das ihm bis zum Ende geblieben war. Er spricht von Krankheit, Schmerz und Abschied, traurig und heiter zugleich. Er führt uns schmerzlich schön (in einem poetischen Triumphzug) durch die ›Landschaft seiner Niederlagen‹.« *Martin Lüdke, SWR-Bestenliste*

»Sehr schön, sehr komisch, sehr traurig.«
Der Tagesspiegel

Fischer Taschenbuch Verlag

Robert Gernhardt
Denken wir uns
Erzählungen
288 Seiten. Gebunden

Der große Dichter und Denkspieler Robert Gernhardt lädt den Leser noch einmal in die von ihm ver- und bedichtete Welt ein: in den verschatteten Lesesaal einer toskanischen Abtei nahe Montaio, in Jan Vermeers Atelier nach Delft und immer wieder in die Mainmetropole, in die Runde dreier Freunde, die sich mit »Geschichtsrosinen aus dem Lebenskuchen« zu überbieten versuchen. Mit seinem letzten abgeschlossenen Werk legt Robert Gernhardt wunderbar leichte Erzählungen vor, die sein unerschöpfliches komisches Talent noch einmal demonstrieren.

S. Fischer